DIGITAL GOVERNANCE
REVIEW Vol.1

数字治理评论

第1辑

郑跃平　主编

社会科学文献出版社
SOCIAL SCIENCES ACADEMIC PRESS (CHINA)

本集刊获得教育部人文社会科学重点研究基地重大项目"新技术革命与公共治理转型"(项目批准号：16JJD630013)的资助与支持

编委会成员

(按姓氏首字母为序)

陈　涛（华中科技大学）
樊　博（上海交通大学）
葛蕾蕾（国际关系学院）
胡广伟（南京大学）
黄　璜（北京大学）
李　燕（大连理工大学）
刘红波（华南理工大学）
刘淑华（复旦大学）
刘文静（暨南大学）
马　亮（中国人民大学）
孟天广（清华大学）
宋　煜（中国社会科学院）
孙　宇（北京师范大学）
谭海波（湖南大学）
王　芳（南开大学）
王少辉（武汉大学）
于文轩（南洋理工大学）
张　楠（清华大学）
张会平（电子科技大学）

张　毅（华中科技大学）
章燕华（浙江大学）
曾润喜（重庆大学）
郑　磊（复旦大学）
郑跃平（中山大学）
朱　琳（华东理工大学）

学术委员会成员

（按姓氏首字母为序）

蓝志勇（清华大学）
孟庆国（清华大学）
徐晓林（华中科技大学）
张锐昕（吉林大学）
Chen，Yu-Che（University of Nebraska-Omaha）
Holzer，Marc（Rutgers University-Newark）
Manoharan，Aroon（University of Massachusetts-Boston）
Medaglia，Rony（Copenhagen Business School）
Reddick，Christopher G.（University of Texas-Austin）
Skoric，Marko（City University of Hong Kong）

创刊词

过去三十年间，信息技术的快速发展为公共治理创新注入了新的动力。在20世纪90年代一系列信息化工程的推动下，各级政府逐步利用信息技术提升运作效率并向公众提供信息和服务，带来了电子政务的兴起。从信息公开的窗口，到数字化服务提供及政民互动平台，政府网站的功能逐步完善，成为重要的服务渠道。同时，移动互联网的进步重构了服务内容及方式，为数字化政务服务的变革带来了新的机遇。一些地方政府开始探索利用移动互联网改善服务供给，促进了移动政务创新和发展。与基于PC端的传统电子政务不同，移动政务服务更强调"以用户为中心"的理念以及对个性化需求的满足。

近几年，多样化智能终端的应用将人们的行为"数据化"，物联网的普及进一步让非生命物体被感知和记录，加速了数据的累积并呈指数级的态势增长，这让整个社会迈入了大数据时代。和传统互联网及移动互联网阶段相比，大数据时代的公共治理更强调精准性和协同性。在云计算等相关技术的支持下，海量的非结构化数据得以采集、分析和利用，帮助政府部门更加精准地识别公共需求及公共问题，部门之间的协同也更加科学和合理，从而推动了政务服务和决策质量的提升。

然而，数字化公共服务及治理在不断发展和创新的同时，也存在诸多问题并面临多种挑战。例如，个人隐私和信息安全保护依旧不足，不同地区及人群之间的数字鸿沟问题依然严峻，大数据及相关技术在公共部门的应用有待改善和提高，共享经济存在的问题缺乏有效监管，智慧城市规划及建设水平需要进一步提升，等等。而这些问题和挑战制约了信息技术在公共治理中价值的发挥，也带来了许多潜在的风险。

进一步推动该领域的学术研究及交流，以及更好地应对当前实践层面面临的挑战，成为创办《数字治理评论》的缘由。如何更好地利用信息技术来提升公共服务及治理能力是电子政务研究者不断探索的问题，而我们将在这一探索的道路上携手同行，共同推动电子政务理论与实践的发展。

目　录

政府网站公众使用行为研究
　　——基于技术接受与使用整合理论的拓展分析 …… 李　燕　朱春奎 / 1
政务微博的绩效及其影响因素
　　——中国地级市的实证研究 ………………………………… 马　亮 / 26
全球网络空间治理的理论反思：一种尝试性的
　　分析框架 ………………………………………… 宋　煜　张影强 / 46
非正式的组织变迁：微信群中的中国地方政府及其
　　组织过程 ………………………………………………… 黄佳圳 / 75
共享经济的发展及其监管模式的探索 ………………………… 傅　晓 / 104
公民网络参与的文献综述
　　——基于 CiteSpace 的图谱量化
　　　　分析 ……………………… 赵金旭　伍诗瑜　郑珍珍 / 125
国内智慧城市的研究现状及展望 ……………… 葛蕾蕾　侯为刚 / 147

征稿启事 / 168

稿件体例 / 170

政府网站公众使用行为研究

——基于技术接受与使用整合理论的拓展分析[*]

李 燕 朱春奎[**]

【摘要】公众的普遍接受和实际使用是电子政务价值实现的必要前提。本文基于技术接受与使用整合理论,并融合创新扩散理论、信任理论的核心变量构建概念模型,以重庆、武汉与天津三个城市的普通公众为调研对象,探索分析电子政务公民使用意愿的影响要素。研究发现:相容性、绩效期望、便利条件与政府信任对政府网站公众使用意愿具有显著正向影响,其中,绩效期望的积极作用最强;而努力期望则会明显抑制公众使用意愿;社会影响、便利条件与使用意愿对公众使用行为具有显著促进作用。

【关键词】政府网站;使用意愿;使用行为;技术接受与使用整合理论

---

[*] 项目资助:自然科学基金青年项目"用户使用行为视角下'互联网+政务服务'公民获得感提升机制研究"(71704018)
[**] 李燕,大连理工大学人文与社会科学学部讲师,研究方向为电子政务、科技政策。
朱春奎,复旦大学国际关系与公共事务学院教授、博导,研究方向为公共政策、科技政策、公共财政、电子政务。

一 引言

公众使用率较低是目前世界各国电子政务发展面临的巨大挑战，即使是在电子政务建设较为完善的发达国家，情况也是如此，经济合作与发展组织（OECD）成员国的电子政务使用率平均仅为50%，而发展中国家的情况则更令人担忧。

从20世纪90年代初的政府机关内部办公自动化到21世纪初的政府全面上网工程，经过20余年的发展，中国电子政务已由以推进政府信息化、普及政府网站为特征的起步阶段和普及阶段，逐步跨入以深化应用、注重成效为重点的集成整合阶段。截至2015年7月7日，全国共开设政府网站85890个，其中地方政府网站82674个，国务院部门网站3216个，网站内容不断丰富，政府网站服务功能逐步增强。然而，据第38次《中国互联网络发展状况统计报告》显示，中国政府网站使用率仅为12.4%。许多政府网站长期处于"休眠"状态，一批有名无实的"僵尸"网站占用并浪费了大量的公共资源，严重制约了电子治理绩效的提升。

本文基于技术接受与使用整合理论，并融合创新扩散理论、信任理论的核心变量构建概念模型，以重庆、武汉与天津三个城市的普通公众为调研对象，探索分析电子政务公众使用意愿的影响要素，以期帮助电子政务服务供给者更好地了解公众需求行为，激励公众使用电子政务服务。首先，我们将在梳理相关文献的基础上提出本文的概念框架与研究假设；其次，通过结构方程模型对概念模型进行检验；最后，对实证研究结果进行总结，并提出相关政策建议。

二 概念模型与立论依据

（一）技术接受与使用整合理论

费施本与阿基森（Fishben & Ajzen，1975）的理性行为理论认为，个体是否执行某项行为取决于其行为意愿，而行为意愿又取决于个体的行为态度和主观规范。理性行为理论对个体行为的解释和预测基于个体意志力的控制程度，但实践中，个体对信息技术的接受行为还受到许多非意志力因素的影响，有必要增加一个能够考察个体行为控制的变量。基于此，阿基森（Ajzen，1991）拓展了理性行为理论，提出计划行为理论，认为"自我控制"是影响行为的重要因素，所以在理性行为理论的基础上增加了第三个维度——"感知行为控制"，即个体所感知到的完成某项行为的难易程度。戴维斯等人（Davis et al.，1992）以理性行为理论为基础，结合信息系统使用的具体情境，提出了技术接受模型，以较为全面地解释外部因素对个体内部信念、行为态度与使用意愿的影响，并使之成为能够用于分析大部分技术接受行为的一般化框架。激励理论与技术接受理论的结合源于戴维斯、博哥兹与瓦沙（Davis，Bagozzi & Warshaw，1992）对感知愉悦在技术接受行为中影响作用的关注，激励理论将感知有用性视为外在激励因素，而愉悦为内在激励因素，两者会对用户接受意愿产生影响。计划行为理论中的行为态度、主观规范和感知行为控制三变量都采用单一维度的概念结构，这使得人们无法对信念的形成获得较为完整的认知。针对计划行为理论的这一缺陷，学者泰勒与托蒂（Taylor & Todd，1995）整合了创新扩散理论、计划行为理论与技术接受模型，对计划行为理论中的行为态度、主观规范和感知行为控制进行了解构，将其各自分解为多维度的信念变量，以增加解构式计划行为理论对个体信息技术行为意愿和实际使用行为的解释力。

此外，作为信息技术接受研究的基础理论之一，创新扩散理论主要关注使用者"接受"某项创新的影响因素，即创新扩散的动力机制。康培与黑格金斯（Compeau & Higgins，1995）最早运用"自我效能"与"结果预期"概念将社会认知理论融入信息技术接受问题研究之中，发展出了关注结果期望的技术接受理论。

文凯特施等人（Venkatesh et al.，2003）整合了理性行为理论（TRA）、技术接受模型（TAM）、激励理论（IT）、计划行为理论（TPB）、技术接受与计划行为整合理论（C-TAM-PBT）、个人计算机使用模型（MPCU）、创新扩散理论（IDT）及社会认知理论（SCT）八大主要理论/模型中的相关变量，发展出了技术接受与使用整合理论（Unified Theory of Acceptance and Use of Technology，UTAUT）。该理论由绩效期望、努力期望、社会影响与便利条件四个内生变量，性别、年龄、经验与使用自愿性四个调节变量，以及行为意向与使用行为两个结果变量构成。绩效期望、努力期望与社会影响通过影响行为意愿而间接作用于使用行为，便利条件则可以直接对使用行为产生影响，四个调节变量则分别对不同的内生变量影响效应起到调节作用（见图1）。其中，绩效期望是指个体认为通过使用该系统/技术能够帮助其实现工作绩效目标的程度，该变量对应于感知有用性（TAM、C-TAM-PBT）、工作匹配度（MPCU）、相对优势（IDT）、结果期望（SCT）。努力期望是指个体对使用该系统/技术难易程度的认知，对应于感知易用性（TAM）、复杂性（MPCU）与易用性（IDT）。社会影响是指个体所感知到的对其较为重要的其他人认为其应该使用某个系统/技术的程度，对应于主观规范（TRA、TPB/DTPB 与 C-TAM-TPB）、社会因素（MPCU）与形象（TRA）。便利条件是指个体相信现有的组织和技术设施能够支持其使用某系统/技术

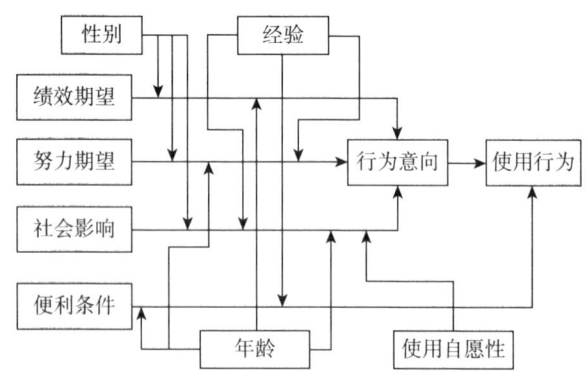

图1 技术接受与使用整合模型

资料来源：Venkatesh, V., Morris, M. G., Davis, G. B. & Davis, F. D. 2003. User Acceptance of Information Technology: Toward a Unified View. *MIS Quarterly*, 27（3），425 – 478.

的程度。

学者在运用技术接受与使用整合理论开展实证研究的过程中,通常在完全保留该四个核心变量的基础上,根据研究需要增加其他变量进行拓展。黄英勋、王一顺与周森(Hung, Wang & Chou, 2007)运用244位中国台湾民众调查数据,以技术接受与使用整合理论为基础,对影响台湾民众政务信息平台服务的因素进行了实证研究,结果表明,绩效期望、社会影响与付出期望对行为意愿具有显著正向影响(且影响依次减弱),而行为意愿与便利条件对使用行为具有显著正向影响。这一结论也得到了许多其他研究的实证支持(Al-Shafi & Weerakkody, 2010; Alawadhi & Morris, 2008)。但有学者对社会影响的作用得出了不同结论,认为该变量对行为意愿并无显著影响(Alshehri, Drew, Alhussain & Alghamdi, 2012)。

此外,还有学者在原模型基础上增加了信任因素、网站质量等相关变量,结果显示,网站质量的改进(Alshehri, Drew, Alhussain & Alghamdi, 2012)与公众电子化公共服务信任度的增加(Al-Sobhi, Weerakkody & El-Haddadeh, 2011)能够显著提升公众对电子化公共服务的使用意愿。

吴云、胡广伟(2014)对技术接受与使用整合理论进行了拓展,根据政务社交媒体的特征,增加了焦虑、感知可信性与社会评价三个变量构建出移动政务公众接受模型,并运用南京市500位中青年公众的问卷调查数据对模型进行实证检验。结果表明,仅有社会影响对使用意愿具有显著的正向作用,而绩效预期与感知可信性则通过社会评价间接影响使用意愿。

(二)研究假设

1. 绩效期望

根据技术接受与使用整合理论,绩效期望是个体相信使用某系统会增加其工作绩效的程度(Venkatesh et al., 2003)。许多相关研究表明，公众对电子政务的绩效期望对其使用意愿具有显著正向影响（Gefen et al.，2002；Wu & Chen，2005；Belanche，Casaló & Flavián，2012）。绩效期望在概念内涵上等同于感知有用性，相比其他因素，感知有用性对电子政务公众行为意愿的促进作用得到的实证支持最多，其变量间关系也最为稳定（Nripendra et al.，2015）。李燕（2016）对相关中文文献的权重分析结果也表明，在15项涉及感知有用性对电子化公共服务行为意愿影响的国内研究中，13项研究结果显示两者具有显著的正相关关系，权重系数高达0.87，感知有用性已成为电子化公共服务公众接受度研究最为重要的变量之一。

综上所述，我们提出以下假设：

H1 绩效期望对电子政务公众使用意愿具有显著正向影响。

2. 努力期望

努力期望是指个体对使用该系统/技术难易程度的认知，与技术接受模型中的感知易用性内涵具有反向的高度一致性。若在公众看来，自身具备使用电子化公共服务的知识和技能，使用电子政务服务系统是容易的，或即使从未使用过类似服务，也相信自己能够学会独立地使用电子化公共服务，那么其就愿意尝试使用此类服务（Liang & Lu，2000；Rana & Dwivedi，2015）。研究表明，在电子化公共服务发展的初级阶段，电子化公共服务普及的最大障碍之一就是公众对使用电子政务系统所需的努力期望过高（Van，Jan，Peters & Ebbers，2008）。根据以上论述，我们假定：

H2 努力期望对政府网站公众使用意愿具有显著负向影响。

3. 社会影响

社会影响是指个体所感知到的他人对其是否应执行某项行为的看法，对应理性行为理论、计划行为理论中的主观规范这一概念。本研究将政府网站的社会影响定义为公众所感知到的他人对其是否应该使用政府网站服务的期望。社会影响的强化能够直接提升个体的行为意愿。当个体人际网络中的重要主要群体（亲人、朋友、同事与领导等）正在使用电子政务服务，而大众媒体与社会舆论对电子政务也持正面评价时，个体在人际互动与社会交往过程中，会自觉或不自觉地效仿他人行为，形成并增加对政府网站的使用意愿（李燕、朱春奎、李文娟，2016）。综上所述，我们假设：

H3 社会影响对政府网站公众使用意愿具有显著正向影响。

4. 便利条件

便利条件是指个体相信现有的组织和技术设施能够支持其使用某系统/技术的程度（Venkatesh & Davis，2003）。在电子政务情景中，便利条件是指使用者对其能够获得电子化公共服务所必需的基础设施和各种资源可利用性与可得性的感知，包括资源便利条件和技术便利条件。个人计算机与互联网的普及是电子化公共服务扩散的硬件条件和基本前提。公众在很少接触、使用算机，或无法获得网络连接的情况下，是很难在实际生活中通过政府网站获得政务服务的。综上所述，我们提出以下假设：

H4 便利条件对政府网站公众使用行为具有显著正向影响。

5. 相容性

相容性主要是指电子化公共服务与公众自身生活方式、信息获取方式和人际交流方式的匹配程度。根据创新扩散理论，相容性是影响一项新技术或系统普及应用的关键因素（Rogers，1983）。吉尔伯特等人（Gilbert, Balestrini & Littleboy, 2004）指出，电子化公共服务能够使公众在不与政府工作人员直接接触的条件下获得公共服务，这使得公众在获得服务过程中不会受到政府公务人员情绪态度的消极影响。实证分析显示，公众如果偏好面对面的直接沟通，其对电子化公共服务的接受意愿就可能较低；而公众如果更喜欢虚拟空间的在线人际互动，其对电子化公共服务的采纳意愿就相对较高（Carter & Bélanger，2005；Shareef et al.，2009；Liang & Lu，2000；王华，2006；史达，2011；靳俊洪，2009；廖敏慧、严中华、廖敏珍，2015）。综上所述，我们假定：

H5 政府网站与公众生活方式的相容性对公众使用意愿具有显著正

向影响。

6. 电子政务信任

信任因素是影响电子政务公众使用意愿与使用行为的关键变量。作为政府管理创新的重要技术载体,以政府网站为主要平台的电子政务系统在扩散过程中面临的巨大挑战之一就是公众信任度过低,导致公众不愿使用电子政务系统服务。信任是电子政务扩散与成功的催化剂(Wu & Chen, 2005)。就电子政务使用者来讲,其信任包括两个方面:一是对服务提供者的信任,二是对服务提供方式的信任(Carter & Bélanger, 2005)。具体到电子政务情境中,政府作为公共服务的提供者,通过以互联网等信息技术为主的电子服务提供方式,为公众提供信息查询、在线申办、在线讨论等多种类型的公共服务。因此,公众在形成对电子政务服务的使用意愿过程中,所涉及的信任因素由政府信任与网络信任(互联网信任)两个维度构成。

政府信任是公民对政府部门按照民众期待行使公共权力进行公共管理、提供公共服务活动的预期,反映了公民对政府行为确当性的心理认同。在信息技术的支撑下,电子政务系统能快速采集和分析各种数据,这使得以政府部门为主的公共服务提供者能更加容易地运用公共权力获取个人隐私信息。公众作为服务潜在需求方,更加希望与一个能够尊重和保护其个人数据的机构进行互动交流。公众只有相信政府机构提供电子政务服务的目的在于为百姓谋福利,而非监控社会,并且能够确保电子政务系统安全、正常运行,才会愿意使用该类服务(Belanger & Carter, 2008)。政府部门及其官员在履职行为中所展现出的公益导向与正直诚信,将增强公众对政府执政为民的信任,有助于形成民众对政府的积极态度,提升公众使用电子政务服务的意愿。作为信息技术领域内较早研究信任因素影响作用的学者,沃肯廷等人(Warkentin et al., 2002)最先倡导通过建立并强化政府信任来推动电子政务服务的扩散与普及,四位学者将信任因素与计划行为理论加以整合,通过对1000位美国、拉美、非洲国家在线报税用户调查数据的实证分析表明,政府信任不仅能够直接提升公众使用意愿，而且还能通过增强公众的感知行为控制和降低公众感知风险对使用意愿产生间接促进作用。此后许多实证研究的结果也有力地支持了政府信任对公众使用意愿与使用行为有正向影响（Carter & Bélanger，2005；Belanger & Carter，2008；Mäntymäki，2008；Wang & Jin，2013；Nam，2014）。综上所述，我们提出以下假设：

H6.1 政府信任对政府网站公众使用意愿具有显著正向影响；

H6.2 政府信任对政府网站公众使用行为具有显著正向影响。

在电子政务情境中，网络信任是指公众对以互联网为主的电子化公共服务提供方式安全性、稳定性以及相关安全保障措施有效性的预期。网络信任本质属于以制度为基础的信任（Belanger & Carter，2008），即个体对互联网环境法制保障强度的主观认知，这种对于信任的认知性观点将信任视为一个理性选择的过程，而非从情感性与社会性维度理解信任（Jarvenpaa, Tractinsky & Saarinen，1999）。在互联网这一非人格化的虚拟环境中，互动主体间共享价值与直接交流的缺乏使得基于制度的信任显得尤为重要。基于制度的网络信任主要包括公众对电子通道的安全措施、安全网与性能结构的判断。当使用者认为网站是合法的、值得信任的且能够保护其个人隐私和财产安全的时候，就会对网站产生信任（Lean et al.，2009）。只有当公众相信互联网是一个安全的媒介，能够提供准确的信息和可靠的交易环境时，才会选择使用电子化服务。因此，公众是否愿意使用电子化服务很大程度上取决于其对互联网保护个人隐私和财产安全的信心。

互联网信任是电子化服务采纳的重要预测变量，大量研究表明，具有较高网络信任度的潜在用户更有可能通过在线交易获得所需服务（McKnight et al.，2001；Pavlou，2003；Carter & Bélanger，2005；Ozkan & Kanat，2011）。基于以上论述，我们提出以下假设：

H7.1 网络信任对政府网站公众使用意愿具有显著正向影响；

H7.2 网络信任对政府网站公众使用行为具有显著正向影响。

7. 使用意愿与使用行为

使用意愿是公众愿意使用政府网站的强度，反映出公众对政府网站服务的接受程度。理性行为理论、计划行为理论和技术接受模型等大部分技术接受理论都假定行为意愿与实际使用行为之间存在高度一致性，即个体的行为意愿越高，实际使用特定技术系统的可能性就越大。行为意愿主要通过两种方式作用于实际行为：一是行为意愿通过激发行为动机直接促成实际行为，行为意愿的形成过程就是实际行为的承诺过程；二是行为意愿与意志相结合，通过制订具体的行为计划完成实际行为（Gollwitzer，1999）。

对于电子政务服务来讲，使用意愿主要通过第一种方式直接影响用户的实际使用行为。但由于多数相关研究仅专注于分析使用意愿的影响因素，并不关心使用意愿与实际使用行为的相互关系，甚至假设两者之间并不存在直接联系（Ahmad et al.，2013），导致使用意愿对电子化公共服务公众使用行为的影响关系较少得到实证数据的检验。然而，南泰友（Nam，2014）、斯泰西与黄宏仁（Shyu & Huang，2011）以技术接受与整合模型为基础的实证研究则显示电子化公共服务使用意愿对实际使用行为确实具有显著的促进作用。尼理彭德拉等人（Nripendra et al.，2015）的元分析也指出，行为意愿对电子化公共服务使用行为正向影响关系的权重系数高达1.0，系数均值为0.403，且高度显著。狄克等人（Dijk et al.，2008）以荷兰公众为调研对象的实证分析也表明，使用意愿与实际使用之间呈现出显著的高度正相关。综上所述，我们假定：

H8 政府网站使用意愿对实际使用行为具有显著正向影响。

三　研究方法与变量测量

（一）数据来源与样本特征

本文研究数据来源于课题组成员实施的"政府网站公众使用与公

众满意度调查"。天津、武汉、重庆作为首批国家综合配套改革实验区，分别代表了东、中、西部地区电子政务发展的中间水平。因此，本文选择在三个城市长期工作、学习和生活的居民为调研对象，共发放问卷1302份，回收1268份，回收率为97.4%。经筛选剔除，最终回收有效问卷1140份，有效问卷率为89.9%。

样本频数统计如表1所示，受访公众在城市、户籍、性别、年龄、职业、教育程度、月收入、每日平均网络使用时间与接触网络时间方面分布较为均匀，分布状况与样本来源地区的总体情况基本相符，样本构

表1 样本概况

人口变量	类别	人数	百分比	人口变量	类别	人数	百分比
城市（区）	重庆	411	36.1	职业	离退休人员	55	4.8
	天津	314	27.5		在校学生	83	7.3
	武汉	415	36.4		其他从业人员	164	14.4
户籍	本市户籍	895	78.5	教育程度	初中及以下	83	7.3
	非本市户籍	245	21.5		高中、中专	175	15.4
性别	男	590	51.8		本科/大专	756	66.3
	女	550	48.2		研究生及以上	124	10.9
年龄	20岁以下	18	1.6	月收入	1000元及以下	166	14.6
	20~29岁	517	45.4		1001~3000元	317	27.8
	30~39岁	340	29.8		3001~5000元	405	35.5
	40~49岁	152	13.3		5001元及以上	249	21.8
	50~59岁	82	7.2	每日平均网络使用时间	2小时以下	195	17.1
	60岁及以上	31	2.7		2~4小时	451	39.6
职业	政府公务人员	78	6.8		5~7小时	334	29.3
	事业单位工作者	167	14.6		8小时及以上	160	14.0
	企业工作者	407	35.7	接触网络时间	1年以下	59	5.2
	商业服务人员	69	6.1		1~5年	250	21.9
	个体经营人员	97	8.5		6~10年	424	37.2
	待业下岗人员	20	1.8		10年以上	407	35.7

成具有较高的代表性与多样性，符合对样本数据特征的要求。

(二) 变量操作定义与测量

本研究中，对所有外因变量与内因变量的测量，均采用 5 分李克特量表的形式（1 表示完全不同意，2 表示不太同意，3 表示一般，4 表示比较同意，5 表示完全同意），得分越高，表明公众对此题项的表述越持肯定态度。

1. 相容性

相容性是指政府网站符合公众现在价值观、过去的经验和目前需求的程度。本研究设计从信息获取习惯、交流方式偏好与生活方式三个层面，设计 3 个题项测量相容性。

2. 绩效期望

本文从公众对政府网站增加政务透明度与政府回应性、提升政府办事效率、促进政民互动作用的认知等方面，设计 4 个题项测量公众对政府网站的绩效期望。

3. 努力期望

努力期望是指公众感知到的使用政府网站的难易程度，即相信自己有能力使用政府网站服务的程度。本文设计 4 个题项测量公民对使用政府网站的努力期望。

4. 社会影响

本文采用双维度的社会影响测量指标，同时考察示范性规范与指示性规范对公众行为的影响作用。从人际影响、外部影响两个维度，设计 4 个题项测量电子化公共服务主观规范。人际影响是指公众对主群体使用电子公共服务的示范性规范与指示性规范的感知程度，外部影响则是指公众对次群体使用电子化公共服务的示范性与指示性的感知程度。

5. 便利条件

本研究基于公众对其能够获得电子化公共服务所必需的基础设施

与各种资源的可利用性和可得性的感知，设计 4 个题项测量政府网站的便利条件。

6. 信任因素

本文从基于制度的信任、基于互动过程的信任以及对政府行为的合理期待三个层面，设计 3 个题项测量公众对政府的信任程度。此外，本文从公众对互联网环境的安全性、在线财务交易的安全性与互联网安全措施有效性三个层面，设计 3 个题项测量公众对网络的信任程度。

7. 使用意愿与使用行为

就政府网站使用意愿而言，本研究通过直接询问受访者对电子政务服务的使用意愿来获取数据，运用 5 分李克特量表对"我愿意使用政府网站服务"进行赋值，分数越高，表明受访者对政府网站的使用意愿越高。

就政府网站实际使用行为而言，本研究通过直接询问受访者使用政府网站的频率来获取数据，运用四分程度计分法对"过去一年中，您是否为了查询信息、申办事项或表达意见建议而使用过政府网站"进行赋值（1 表示从来没有，2 表示很少，3 表示有时，4 表示经常），分数越高，表明受访者使用政府网站的频率越高。

四　实证结果分析

（一）数据可靠性分析

本研究进行 KMO 和 Bartlett 球状检验以判断数据是否适合进行因子分析，整个量表的 KMO 值为 0.966（>0.5），Bartlett 球状检验的卡方值为 708.2，p 值小于 0.001，表明数据适合进行因子分析。相容性、绩效期望、努力期望、社会影响、便利条件、政府信任与网络信任的内部一致性系数（Cronbach α 值）分别为 0.799、0.912、0.864、0.846、0.739、0.9 与 0.83，所有构念的内部一致性系数均高于 0.7 的判断标准，表明各构念的测量尺度具备较高可靠性。

(二) 确认性因子分析

为评估测量模型的质量，本文对相容性、绩效期望、努力期望、社会影响、便利条件、政府信任与网络信任七个潜变量进行确认性因子分析。结果表明（见表2），所有测量题项在其相应潜变量上的因子负荷均高于0.6，介于0.61~0.91，测量题项具有理想质量。各潜变量的组合信度均高于0.7，平均变异提取量均高于0.5，潜在变量具有较高的组合信度与聚敛效度。

表2 潜变量确认性因子分析结果

	题号	因子负荷	CR	AVE		题号	因子负荷	CR	AVE
政府信任（TG）	G1	0.9	0.89	0.73	网络信任（TI）	G4	0.87	0.79	0.56
	G2	0.91				G5	0.61		
	G3	0.74				G6	0.75		
绩效期望（PE）	P1	0.83	0.89	0.67	努力期望（EE）	P5	0.72	0.83	0.56
	P2	0.80				P6	0.84		
	P3	0.86				P7	0.77		
	P4	0.77				P8	0.76		
相容性（COM）	F1	0.81	0.81	0.58	社会影响（SI）	D1	0.80	0.88	0.65
	F2	0.84				D2	0.85		
	F3	0.73				D3	0.83		
便利条件（FC）	E1	0.72	0.81	0.51		D4	0.75		
	E2	0.78							
	E3	0.69							
	E4	0.73							

(三) 结构方程模型分析

为探究相容性、绩效期望、努力期望、社会影响、便利条件、政府信任与网络信任对政府网站公众使用意愿与使用行为的影响作用，本文构建外在相容性、绩效期望、努力期望、社会影响、便利条件、政府信任与网络信任为外生变量，公众使用意愿（UI）与使用行为（UB）为内生变量的电子政务公众接受与使用整合结构方程模型，概念间的因果关系如图2所示，假设相容性、绩效期望、努力期望、社会影响可直接影响公众使用意愿；便利条件对使用行为具有直接影响；政府信任与网络信任可同时促进行为意愿与使用行为；使用意愿能够促进实际使用行为。

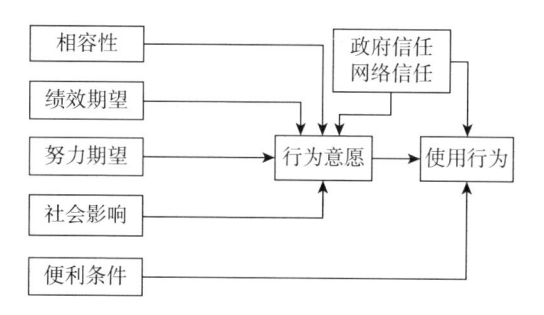

图2 电子政务公众接受与使用整合模型

就初始模型的拟合指数来看，卡方与自由度之比为44；NFI 为 0.97，NNFI 的值为 0.8，CFI 的值为 0.97，IFI 的值为 0.97，RFI 的值为 0.79，AGFI 的值为 0.77；SRMR 的值为 0.042，RMSEA 的值为 0.15，表明假设模型与实际数据的拟合度并不理想，需经修正之后才可进行结构方程模型分析。虽然技术接受与使用整合理论认为便利条件的作用在于直接影响实际使用行为而非使用意愿，但有关学者已经证实，便利条件作为电子化公共服务公众行为控制信念的重要测量维度，对使用意愿也具有显著的积极作用（Loo, Yeow & Chong, 2009；Al-Sobhi, Weerakkody & El-Haddadeh, 2011）。此外，盖瑞斯等人（Gracia et al., 2012）对西班牙电子政务服务公众接受度的研究结果显示，以政府宣传为主要特征的社会影响能够直接影响公众使用政府网站的行为。因此，我们充分考虑了变量间的理论关系，增加了社会影响至使用行为、便利条件至行为意向的影响路径，形成修正后的电子政务公众接受与使用整合结构方程模型（见图3）。

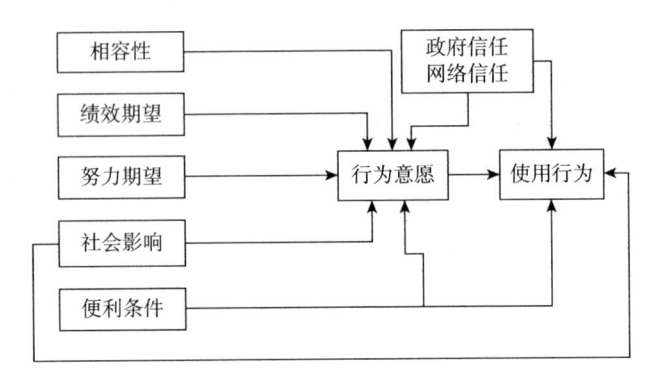

图3　修正后电子政务公众接受与使用整合模型

修正后模型的拟合指数如表3所示，卡方与自由度之比降为6.2；NNFI、AGFI、RFI的值分别为0.96、0.95与0.95；CFI与IFI的值均为1.00；SRMR的值为0.016；RMSEA的值为0.068。各拟合指数均达到可接受标准，假设模型与实际数据之间具有较高的拟合度，适合进行结构方程模型分析。

模型估计结果如表3所示，整个模型共解释了政府网站公民使用意愿47%的变异，同时解释了使用行为36%的变异。其中，相容性、绩效期望、便利条件与政府信任对公众使用意愿具有显著正向影响，标准化系数（t值）分别为0.06（2.4）、0.28（10.73）、0.21（8.62）与0.13（4.78），绩效期望的积极影响最强，相容性的作用最弱，而努力期望对使用意愿具有显著的负向影响，标准化系数（t值）为-0.25（-9.0）。社会影响、便利条件与使用意愿对公众使用行为具有显著促进作用，标准化系数（t值）分别为0.21（6.71）、0.13（4.06）与0.13（3.87），以社会影响的正向影响最强。假设H1、H2、H4、H5、H6.1、H8得到证实。

综上所述，本文研究假设检验结果如表4所示。

本文可以得出以下几个初步结论。

第一，与技术接受与使用整合模型中的其他因素相比，绩效期望对

表3 结构方程模型路径系数与拟合指数

路径	直接效应（t值）	间接效应（t值）	总效应（t值）
COM→UI	0.06（2.4*）		0.06（2.4*）
COM→UB		0.01（0.65）	0.01（0.63）
PE→UI	0.28（10.73***）		0.28（10.73***）
PE→UB		0.04（1.34）	0.04（1.34）
EE→UI	-0.25（-9.0***）		-0.25（-9.0***）
EE→UB		-0.03（-0.76）	-0.03（-0.76）
SI→UI	0.02（0.82）		0.02（0.82）
SI→UB	0.21（6.71***）	0.00	0.21（6.71***）
FC→UI	0.21（8.62***）		0.21（8.62***）
FC→UB	0.13（4.06***）	0.03（1.03）	0.16（4.02***）
TG→UI	0.13（4.78***）		0.13（4.78***）
TG→UB	0.04（1.05）	0.02（0.84）	0.06（1.02）
TI→UI	0.03（1.06）		0.03（1.06）
TI→UB	0.01（0.23）	0.00	0.01（0.23）
UI→UB	0.13（3.87***）		0.13（3.87***）
拟合指数	$\chi^2/df = 6.2$　P = 0.000　RMSEA = 0.068　AGFI = 0.95　CFI = 1.00　NNFI = 0.96　SRMR = 0.016　RFI = 0.95　IFI = 1.00		

注：*、**、***分别表示0.1、0.05、0.01显著性水平。

表4 假设检验结果

研究假设	检验结果
H1 绩效期望对电子政务公众使用意愿具有显著正向影响	支持
H2 努力期望对政府网站公众使用意愿具有显著负向影响	支持
H3 社会影响对政府网站公众使用意愿具有显著正向影响	不支持
H4 便利条件对政府网站公众使用行为具有显著正向影响	支持
H5 政府网站与公众生活方式的相容性对公众使用意愿具有显著正向影响	支持
H6.1 政府信任对政府网站公众使用意愿具有显著正向影响	支持
H6.2 政府信任对政府网站公众使用行为具有显著正向影响	不支持

续表

研究假设	检验结果
H7.1 网络信任对政府网站公众使用意愿具有显著正向影响	不支持
H7.2 网络信任对政府网站公众使用行为具有显著正向影响	不支持
H8 政府网站使用意愿对实际使用行为具有显著正向影响	支持

公众使用意愿呈现出了最为重要的正向影响。此外，公众对于使用政府网站的努力期望越低，越是相信其自身具备使用电子化公共服务的知识和技能，或即使从未使用过类似服务也相信自己能够学会独立地使用电子化公共服务，其越是愿意尝试使用此类服务。

第二，便利条件对电子化公共服务公众使用意愿呈现出直接的显著正向影响，表明公众对其能够获得电子化公共服务所必需的基础设施和各种资源可利用性与可得性的感知程度越高，其使用意愿就越高。虽然技术接受与使用整合理论认为便利条件的作用在于直接影响实际使用行为而非使用意愿，但本研究的实证结果显示，便利条件作为电子化公共服务公众行为控制信念的重要测量维度，对使用意愿也具有显著的积极作用（Loo, Yeow & Chong, 2009; Al-Sobhi, Weerakkody & El-Haddadeh, 2011）。

第三，社会影响虽然不能显著提升政府公众使用意愿，但能够鼓励公众在实际生活中使用政府网站获得政务服务。当个体人际网络中的主要群体（亲人、朋友、同事与领导等）正在使用电子政务服务，同时以新闻媒体为主要影响来源的次级群体对使用政府网站给予积极的评价时，个体在人际互动与社会交往过程中，就会自觉或不自觉地效仿他人行为，提高使用政府网站的频率。

第四，相容性对政府网站公众使用意愿具有微弱的显著正向影响，表明电子化公共服务越是符合公众的生活方式、信息获取方式与人际交流方式，公众越是愿意通过电子化手段获得公共服务。

第五，就信任因素的影响作用而言，公众对政府信任的增加能够显著提升公众对政府网站的使用意愿，表明公众越是认为电子化公共服务的提供者是可以并值得信赖的，其使用该服务的意愿就越强烈。

第六，使用意愿对电子化公共服务实际使用行为呈现出直接的显著积极影响，表明公众对电子化公共服务的接受程度越高，其在日常生活中实际使用该类服务的频率就越高。

五 结论与建议

本文以重庆、武汉与天津三个城市的普通公众为调研对象，基于技术接受与使用整合理论，融合创新扩散理论、信任理论的核心变量构建概念模型，并对模型及其相关假设进行实证检验。本文的实证结果不仅再次验证了技术接受与使用整合理论对中国电子政务公众使用意愿的解释力，而且更加凸显出绩效期望在电子政务公众使用意愿形成过程中的重要作用。绩效期望对使用意愿的直接促进作用，表明公众对电子化公共服务有用性与需求满足能力的认可度越高，其使用电子化公共服务的行为倾向就越明显。

以上研究发现对进一步提升中国政府网站的公众使用率提供了有益的政策启示。

首先，应强化政府网站服务功能，建构智慧生活环境，建设智能系统整合平台，发展电子化公共服务智慧服务架构；应着力完善大数据应用环境，规划分析重点领域应用，运用政务网站获取的数据，提高分析和利用水平，提高公众对政府网站的绩效期望。

其次，政府各相关部门应努力提高政务网站的可操作性和简洁性，缩小不同人群及年龄层间的数字鸿沟，培养其网络信息操作与网络使用安全技能，提升公众使用电子化公共服务的能力，降低公众使用政府网站的努力期望。

再次，还应提供多元化的公共服务供给渠道，无差别供给政府公共服务；政府部门应该深入研究用户的类型和需求，全面梳理政府业务事项，提高一站式服务水平，应充分考虑用户使用习惯，不断完善多样化的服务功能，提升电子化公共服务的便利性。

最后，政府部门要积极关注公众诉求，围绕教育、环保、拆迁等社会关注的热点问题，邀请相关部门通过政府网站予以积极回应，防止对涉及公众重大利益的事务避而不谈。在进行民意调查之前，政府机构应利用各种媒体加强对民意征集的宣传力度，以取得广大民众的理解和支持，增加公众对政府信任感，提高政府网站公众使用意愿与使用频率。

本研究局限性主要包括两个方面。一是本研究以普通市民为调研对象，忽视了对电子化公共服务其他使用主体的考察，未来研究可拓展至企业、非营利组织与政府部门等其他需求主体。二是本文仅以政府网站为研究对象，暂未将移动电子政务等其他类型电子化公共服务提供方式考虑其中，未来可分析其他类型电子政务公众采纳意愿的影响因素，进一步检验解构式计划行为理论的适用性。

参考文献

李燕、朱春奎、李文娟，2016，《国外电子政务公众使用行为研究述评》，《公共行政评论》第6期。

李燕，2016，《中国电子政务公众接受研究回顾——基于内容分析与权重分析的文献述评》，《情报杂志》第2期。

廖敏慧、严中华、廖敏珍，2015，《政府网站公众接受度影响因素的实证研究．电子政务》第3期。

史达，2011，《影响政府组织进行信息技术创新的因素分析：技术接受、技术扩散和公众信任视角的研究——以大连市电子政务为例》，《电子政务》第10期。

王华，2006，《影响公众对政府门户网站使用意愿的因素研究》，哈尔滨工业大学硕士学位论文。

吴云、胡广伟，2014，《政务社交媒体的公众接受模型研究》，《情报杂志》第

2期。

Ahmad, M. O., Markkula, J. & Oivo, M. 2013. Factors Affecting e-Government Adoption in Pakistan: A Citizen's Perspective. *Transforming Government People*, 7 (2): 225 – 239 (15).

Ajzen, I. 1991. The Theory of Planned Behavior. *Research in Nursing & Health*, 14 (2), 137.

Alawadhi, S. & Morris, A. 2008. *The Use of the UTAUT Model in the Adoption of E-Government Services in Kuwait*. Proceedings of the Proceedings of the 41st Annual Hawaii International Conference on System Sciences (p. 219). IEEE Computer Society.

Al-Shafi, S. & Weerakkody, V. 2010. *Factors Affecting e-Government Adoption in the State of Qatar*. European and Mediterranean Conference on Information Systems, Abu Dhabi, UAE. Retrieved 10 July 2012 from vscheiner.brunel.ac.uk/bitstream/2438/4395/1/C101.pdf.

Alshehri, M., Drew, S., Alhussain, T. & Alghamdi, R. 2012. *The Effects of Website Quality on Adoption of e-Government Service: An Empirical Study Applying UTAUT Model Using SEM*. Australasian Conference on Information Systems (pp. 1 – 13).

Al-Sobhi, F., Weerakkody, V. & El-Haddadeh, R. 2011. *The Relative Importance of Intermediaries in e-Government Adoption: A Study of Saudi Arabia. Electronic Government*. Springer Berlin Heidelberg.

Belanche, D., Casaló, L. V. & Flavián, C. 2012. Integrating Trust and Personal Values into the Technology Acceptance Model: The Case of e-Government Services Adoption. *Cuadernos De Economía Y Dirección De La Empresa*, 15 (4): 192 – 204.

Belanger, F. & Carter, L. 2008. Trust and Risk in e-Government Adoption. *Journal of Strategic Information Systems*, 17 (2): 165 – 176.

Carter, L., Bélanger, F., 2005. The Utilization of e-Government Services: Citizen Trust, Innovation and Acceptance Factors. *Information Systems Journal*, 15 (1): 5 – 25.

Compeau, D. R. & Higgins, C. A. 1995. Computer Self-efficacy: Development of a Measure and Initial Test. *MIS Quarterly*, 19 (2): 189 – 211.

Davis, F. D., Bagozzi, R. P. & Warshaw, P. R. 1992. Extrinsic and Intrinsic Motivation to Use Computers in the Workplace. *Journal of Applied Social Psychology*, 22 (14): 1111 – 1132.

Dijk, J. A. G. M. V., Peters, O. & Ebbers, W. 2008. Explaining the Acceptance and Use of Government Internet Services: A Multivariate Analysis of 2006 Survey Data in the Netherlands. *Government Information Quarterly*, 25 (3): 379 – 399.

Dwivedi, Y. K., Rana, N. P., Chen, H. & Williams, M. D. 2011. *A Meta-analysis of the Unified Theory of Acceptance and Use of Technology (UTAUT)*. IFIP International Working Conference on Governance and Sustainability in Information Systems-Managing the Transfer and Diffusion of IT (Vol. 366, pp. 155 – 170). Springer Berlin Heidelberg.

Fishbein, M. & Ajzen, I. 1975. Belief, Attitude, Intention and Behaviour: An Introduction to Theory and Research. *Philosophy & Rhetoric*, 41 (4), 842 – 844.

Gefen, D, P. A. Pavlou, M. Warkentin & M. R. Gregory. 2002. *e-Government Adoption*. Proceedings of the Eighth Americas Conference on Information Systems, 569 – 576.

Gilbert, D. 2004. Barriers and Benefits in the Adoption of e-Government. *International Journal of Public Sector Management*, 17 (4): 286 – 301.

Gilbert, D., Balestrini, P. & Littleboy, D. 2004. Barriers and Benefits in the Adoption of e-Government. *The International Journal of Public Sector Management*, 14 (4): 286 – 301.

Gollwitzer, P. M. 1999. Implementation Intentions: Strong Effects of Simple Plans. *American Psychologist*, 54 (7): 493 – 503.

Gracia, D. B., Casaló Ariño, L. V. & Blanco, C. F. 2012. Understanding the Influence of Social Information Sources on e-Government Adoption. *Information Research*, 17 (3): 741 – 755.

Horsburgh, S., Goldfinch, S. & Gauld, R. 2011. Is Public Trust in Government Associated with Trust in E-government? *Social Science Computer Review*, 29 (2): 232 – 241.

Hung, Y. H., Wang, Y. S. & Chou, S. C. T. 2007. *User Acceptance of e-Government*

Services. *Pacific Asia Conference on Information Systems*, PACIS 2007, Auckland, New Zealand, July 4 – 6, 2007.

Jarvenpaa, S. L., Tractinsky, N. & Saarinen, L. 1999. Consumer Trust in an Internet Store: A Cross-cultural Validation. *Journal of Computer-Mediated Communication*, 5 (2): 10 – 20.

Kumar V, Mukerji B, Butt I., Persaud, A. Factors for Successful E-government Adoption: A Conceptual Framework. *The Electronic Journal of e-Government*, 2007, 5 (1): 63 – 76.

Lean, O. K., Zailani, S., Ramayah, T. & Fernando, Y. 2009. Factors Influencing Intention to Use e-Government Services among Citizens in Malaysia. *International Journal of Information Management*, 29 (6): 458 – 475.

Liang, S. & Lu, H. 2000. Adoption of e-Government Services: An Empirical Study of the Online Tax Filing System in Taiwan. *Online Information Review*, 37 (37): 424 – 442.

Loo, W. H., Yeow, P. H. P. & Chong, S. C. 2009. User Acceptance of Malaysian Government Multipurpose Smartcard Applications. *Government Information Quarterly*, 26 (2): 358 – 367.

Mäntymäki, M. 2008. *Does e-Government Trust in e-Commerce when Investigating Trust? A Review of Trust Literature in e-Commerce and e-Government Domains. Towards Sustainable Society on Ubiquitous Networks*. Springer US.

Mcknight, D. H. 2001. What Trust Means in e-Commerce Customer Relationships: An Interdisciplinary Conceptual Typology. *International Journal of Electronic Commerce*, 6 (2): 35 – 59.

Merrill Warkentin, David Gefen, Paul A. Pavlou. 2002. Encouraging Citizen Adoption of e-Government by Building Trust. *Electronic Markets*, 12 (3): 157 – 162.

Nam, T. 2014. Determining the Type of e-Government Use. *Government Information Quarterly*, 31 (2): 211 – 220.

Nripendra, P. R., Yogesh K. Dwivedi & Michael, D. Williams. 2015. A Meta-analysis of Existing Research on Citizen Adoption of e-Government. *Information System*

Frontier, 17: 547 – 563.

Ozkan, S. & Kanat, I. E. 2011. e-Government Adoption Model Based on Theory of Planned Behavior: Empirical Validation. *Government Information Quarterly*, 28 (4): 503 – 513.

Pavlou, P. 2003. Consumer Acceptance of Electronic Commerce: Integrating Trust and Risk with the Technology Acceptance Model. *International Journal of Electronic Commerce*, 7 (3): 69 – 103.

Rogers, E. M. 1983. *Diffusion of Innovations*. 3rd ed. New York: The Free Press.

Shareef, M. A., Kumar, U., Kumar, V. & Dwivedi, Y. K. 2009. Identifying Critical Factors for Adoption of e-Government. *Electronic Government: An International Journal*, 6 (1): 70 – 96.

Shyu, H. P. & Huang, J. H. 2011. Elucidating Usage of e-Government Learning: A Perspective of the Extended Technology Acceptance Model. *Government Information Quarterly*, 28 (4): 491 – 502.

Taylor, S. & Todd P. A. 1995. Understanding Information Technology Usage: A Test of Competing Models. *Information System Research*, 6 (2), 144 – 176.

Van Dijk, Jan A. G. M., Peters, O. & Ebbers, W. 2008. Explaining the Acceptance and Use of Government Internet Services: A Multivariate Analysis of 2006 Survey Data in the Netherlands. *Government Information Quarterly*, 25 (3): 379 – 399.

Venkatesh, V. & Davis, F. D. 2003. User Acceptance of Information Technology: Toward a Unified View. *Mis Quarterly Management Information Systems*, 27 (3): 425 – 478.

Wang, H. J., & Jin, L. 2013. Determinants of Citizens' Intent to Use Government Websites in Taiwan. *Information Development*, 72 (29): 123 – 137.

Warkentin, M., Gefen, D., Pavlou, P. A. & Rose, G. 2002. Encouraging Citizen Adoption of e-Government by Building Trust. *Electronic Markets*, 12 (3): 157 – 162.

Wu, I. L., & Chen, J. L. 2005. An Extension of Trust & TAM Model with TPB in the Initial Adoption of On-line Tax: An Empirical Study. *International Journal of Human-Comput-*

Research on Citizens' Using Behavior of Government Website: An Extent Analysis Based on Technology Acceptance and Use Model

Yan Li[1]; *Chunkui Zhu*[2]

(1. Department of Humanities and Social Sciences,
Dalian University of Technology;
2. School of International Relations and Public Affairs,
Fudan University)

Abstract: The general acceptance of the public and the actual use is the necessary prerequisite for the realization of the value of e-government. Using data from the three-city survey undertaken in Chongqing, Wuhan and Tianjin in China, this study builds an integrated model to explore the factors influencing citizens' using behavior of government website. The results show that compatibility, performance expectancy, convenience and trust in government have significant positive effects on the public willingness to use government websites, among which performance expectations plays the strongest positive role in promoting citizens' use intention; effort expectations will inhibit the citizens' use intention; social influence, convenience and use intention have significant positive effect on the citizens' using behavior.

Keywords: Government Website; Use Intention; Use Behavior; Unified Theory of Acceptance and Use of Technology

政务微博的绩效及其影响因素

——中国地级市的实证研究*

马 亮**

【摘要】 不同地区的政务微博在活跃度、参与性和影响力等方面存在很大差异,为什么会如此不同?本文从政务微博的供给与需求两个方面提出了影响政务微博绩效的关键因素,并基于中国地级市的多源数据进行实证分析。结果显示,政务微博的绩效主要受供给侧的因素影响,如政府规模、财政健康状况和城市级别;相对来说,需求侧的变量对政务微博绩效的影响较弱,仅有移动互联网使用率同其存在正相关关系。本文探讨了这些研究发现的理论启示和政策意涵,并讨论了未来的研究方向。

【关键词】 政务微博;电子政务;政府创新;采用后行为;社交媒体

一 引言

微博、微信等社交媒体的发展与普及,为政府增强信息公开和透明

---

* 项目资助:国家自然科学基金项目面上项目"第三方评估如何提升组织绩效?中国地方政府的实证研究"(批准号 71774164)。
** 马亮,中国人民大学公共管理学院副教授,国家发展与战略研究院研究员,研究方向:公共组织绩效管理与创新。

度、提升在线服务质量、促进在线参与和网上互动等提供了利器，并在最近几年得到迅猛发展（郑跃平、黄博涵，2016）。2011 年被称为中国的"政务微博元年"，此后政务微博如井喷般蓬勃发展，并成为"互联网＋政务服务"的主要载体（马亮，2012）。政务微博也是"政府 2.0"的主要实现手段，为推动政府的透明、问责和响应创造了巨大机遇（马亮，2014）。首先是公安微博异军突起，新闻类、政法类和团委等系统的政务微博紧跟其后，可谓"你方唱罢我登场"。尽管 2013 年以来微信大有取代微博的发展势头，但是作为一个开放共享的互动平台，政务微博仍然是各级政府部门同民众在线互动的主要平台（人民网舆情监测室，2017）。因此，研究政务微博不仅具有重要的理论价值，而且有很强的现实意义。

各级政府都对政务微博重视有加，并将其作为推动政务公开和舆情引导的重要手段。2013 年 6 月，《四川省人民政府办公厅关于加强政务微博应用的通知》（川办函〔2013〕114 号）规定，省政府各部门和相关单位要开设政务微博。2016 年 8 月，《安徽省人民政府办公厅关于进一步加强政务微博微信建设的通知》（皖政办秘〔2016〕136 号）要求建立"全省政务微博微信矩阵"。虽然政务微博颇受各级政府重视，但是其发展状况却千差万别。一些地区的政府部门高度重视政务微博，并投入大量人力物力进行维护和创新，产生了广泛而持久的影响力。许多政务微博的粉丝量为百万甚至千万级，一跃成为明星微博或"大 V"，大有"振臂一呼，一呼百应"的带动效应。但是也有数量可观的政务微博一开通就死，不是沦为无人问津的"僵尸微博"或"睡眠微博"，就是半死不活而难以持久。为什么政务微博会存在如此之大的差别？哪些因素可以解释政务微博之间的差异？

来自中国城市的证据表明，公安微博的开通时间同政府规模、互联网渗透率和政府与政府间竞争效应等因素有关，而同财政资源、经济发展水平和电子政务水平等变量的关系不大（Ma，2013）。对中国地级市的研究显示，政府所开通的政务微博数量同人口规模、财政资源、行政级别和府际竞争等因素紧密相关（Ma, 2014）。对省级政府的分析显示，人口规模、用户需求和政府与政府间竞争等变量是影响政务微博开通数量的主要因素（Ma, 2016）。但是，政务微博的开通与否、开通时间和开通数量等都反映的是其采用状况，而采用后的实施情况则尚未得到系统研究（Zhang et al., 2017）。一些学者对政务微博进行案例研究，发现了影响其活跃度、互动性和影响力的因素（Zheng, 2013），但是仍然有待基于大样本数据的量化检验。

与本文最相关的研究来自一项对欧洲 15 个国家 75 个地方政府的研究，显示其使用脸书（Facebook）的活跃度主要同城市特征和用户属性相关，而账号的互动性则同其活跃度及上述这些因素都不存在显著相关关系。城市人口规模与政务社交媒体的活跃度正相关，但是互联网普及率、居民通过互联网跟政府打交道的比例和使用社交媒体的比例等则与其负相关，城市电子政务就绪度和社交媒体使用情况则与其不存在显著相关关系。以日均推送数为依据，南欧国家的政务社交媒体明显比北欧国家的活跃度更强，说明国家文化对政府社交媒体产生一定影响，也可能是因为南欧国家普遍面临的金融和经济危机施加了更强的透明和问责压力（Bonsón, Royo & Ratkai, 2014）。

本文将从政务微博的供需视角出发，提出影响其竞争力的主要因素，并利用中国地级市的多源截面数据进行实证分析。本文的研究将有助于深化我们理解政务微博采用后的行为和绩效，并为推动政务微博的健康持续发展提供政策建议。在以下部分，本文首先回顾已有文献并提出理论框架以及可供检验的研究假设。其次，介绍本文使用的数据、主要变量和研究方法。再次，报告本研究的主要分析结果。最后，对本文的核心发现进行讨论，探讨其理论启示和政策意涵，以及未来值得关注的研究方向。

二 理论框架

（一）作为信息技术创新的政务微博

对于开通政务微博的政府部门而言，微博是一种信息技术创新，因此可以从技术创新的理论视角予以研究。创新是指对采用者而言的新事物、新实践和新技术等，它会因为不确定而带有一定的风险性（Rogers, 2003）。与采用行为本身相比，采用后的行为或实施状况可能受到不同因素的影响，这是因为信息技术创新的采用和实施是两种截然不同的行为（Walker, 2014）。创新的采用往往同采用者的态度和认知有关，而创新的实施则仰赖实施者的资源和能力（Fichman & Kemerer, 1999）。在早期的研究中，研究人员主要关注政务微博的开通时间和账号数量，但是关于这些政务微博的运营状况和影响力却很少有研究。因此，对政务微博的实施情况进行进一步研究，可以深化我们对其运作逻辑的理解。

覆盖面、活跃度、互动性和传播力等，都可以统称为政务微博的绩效，可以衡量政务微博是否达到了其预期的目标或使命。根据已有研究，我们可以从政府供给与民众需求两个角度对政务微博进行研究（Bonsón, Royo & Ratkai, 2014）。从供给角度来说，政府期望通过政务微博推送信息并增强透明度，以及强化政民互动。从需求角度而言，民众等利益相关者可以通过政务微博获取信息、参政议政，并得到政府支持。来自政府的供给与民众的需求，共同促成政务微博的有效运转，并使其成为连接政府与民众的桥梁和纽带。

从政府供给的角度而言，人力、财力与技术能力是保障政务微博运营的关键资源基础。尽管微博本身是免费开通和运营的，但运营和维护政务微博需要专业人员和团队力量，也离不开强有力的信息技术基础设施的支持。相对来说，规模较大的政府部门往往能够调动足够的专业团队，并为政务微博的运营提供多方面的支持。

从民众需求而言，民众的关注和参与，是推动政务微博发展的不竭动力。政务微博是一个互动媒体，"一个巴掌拍不响"，政府部门需要用户的关注、支持和参与。相对来说，在互联网普及率越高、年轻人比例越高、平均学历越高的城市，活跃性和互动性都越强的微博，其用户群体就越大，就越有利于推动政务微博的发展。

（二）政务微博的供给侧

通常来说，财政健康是推动信息技术创新的重要因素。大量对信息技术创新的研究显示，财务冗余是至关重要的因素。一方面，创新需要一定的财务冗余，使组织可以提供创新者冒险的适当空间。另一方面，资金不足又为创新提供必要的动机，驱动组织去创新以摆脱财务困境（Nohria & Gulati，1996）。如前所述，政务微博的运营离不开雄厚的财力支持，尽管微博本身是免费应用软件。因为信息技术可以通过无纸化办公、降低沟通和服务成本等方式减少政府开支，所以财政状况不佳的政府部门更有动力去推动政务微博发展。但是，财力捉襟见肘的政府部门也可能疲于应付其他更核心的任务，而不得不挪用或削减政务微博需要的资金。基于上述讨论，我们假设财政健康状况同政务微博的实施状况存在正相关关系。

H1 城市政府的财政健康状况同政务微博的实施状况存在正相关关系。

微博等社交媒体是 Web 2.0 技术的代表，但同静态网页等 Web 1.0 技术又密切相关。在政府网站方面发展较好的城市，具备较强的电子政务基础设施优势，能够为实施政务微博提供系统支持。与政府网站单向、静态和延时的传播方式不同，政务微博更强调双向互动、动态化和即时沟通。有鉴于此，在政府网站方面发展较好的城市，未必能够同样满足政务微博的运营要求（Ma，2013）。但是，政府网站与政务微博有很强的共通性、兼容性和互补性，并成为"一网两微"的有机组成。

因此，我们以城市政府电子政务绩效来衡量信息技术能力，并假设其同政务微博的发展状况正相关。

H2 城市政府的电子政务发展水平同政务微博的实施状况存在正相关关系。

城市的行政级别越高，可以调用的权限（如立法权、管理权限、优惠政策等）也就越高，资源（如信息、渠道、资金、人员、部门等）也就越丰富，并越能够为政务微博的运营提供多方面的支持（Ma, 2014）。副省级城市或省会城市对城市声誉的期望更高，对代表政府形象的政务微博也更为关注，并会投入更多资源予以建设。因此，我们认为政务微博的发展同城市行政级别密切相关，并假设行政级别同政务微博的实施状况正相关。

H3 城市政府的行政级别越高，政务微博的实施状况越好。

许多研究都将政府规模作为信息技术创新的重要影响因素。对政务微博的关注，也主要集中在大城市（Brainard & Edlins, 2015）。一方面，大城市的人口规模较大，有很好的政务微博用户基础。另一方面，大城市的政府工作人员较多，能够为政务微博的发展提供人力资源支持。基于上述讨论，我们假设城市政府规模越大，政务微博的运营状况越好。

H4 城市政府的规模同政务微博的实施状况存在正相关关系。

（三）政务微博的需求侧

政务微博的发展离不开用户的关注、参与和支持，无人问津的账号也会难以为继。政务微博的大量粉丝都来自政府部门所在地的居民，因此当地居民使用微博的情况就同政务微博的发展状况密不可分。由于缺少微博用户的数据，我们可以通过两个维度来考察城市居民的微博使用状况。互联网渗透率越高的城市，居民使用微博的比例会越大，就越会推动政务微博的发展。截至 2016 年底的数据显示，95.1% 的中国网民通过手机上网（CNNIC, 2017）。由于越来越多的用户使用智能手机上网，因此我们也考察手机普及率对政务微博实施状况的影响。我们将互联网渗透率与手机使用率合成为一个指数，反映微博的使用率，并预期它同政务微博的发展状况正相关。

H5 城市人口的微博使用率同政务微博的实施状况存在正相关关系。

政务微博在信息公开、在线服务和互动交流等方面有明显的优势，并得到居民的普遍欢迎。中国网民的特征之一是低学历化，其中初中学历占比最高，达到37.3%（CNNIC，2017）。相对来说，教育程度较高的居民对政府服务的要求更高，属于典型的愤世嫉俗或冷嘲热讽（cynicism）（Berman，1997）。这些人群往往会成为微博上的"意见领袖"，在推动政务微博的积极响应方面发挥重要作用。因此，我们假设在平均受教育年限较高的城市，政务微博的实施状况相对较好。

H6 城市人口的平均受教育年限同政务微博的实施状况存在正相关关系。

在中国网民中，青年人是当仁不让的主力军，也是最为活跃的微博用户群体。2016年底的数据显示，中国网民中20～29岁和30～39岁的人群分别占30.3%和23.2%，是比重最高的两个年龄段（CNNIC，2017）。为了迎合这些"80后"和"90后"的多元需求，许多政务微博纷纷"卖萌"或使用"淘宝体"，并不乏利用表情包、图片、视频等多媒体手段。来自青年网民的参与和互动，特别是他们对新鲜事物和现象的接纳和传播，是政务微博发展的主要动力。因此，我们预期城市青年人口比例同政务微博的实施状况正相关。

H7 城市青年人口比例同政务微博的实施状况存在正相关关系。

经济发展水平和居民收入较高的城市，对政府的需求也更强烈，推动政务微博发展的意愿也更强。伴随着经济发展，社会发展方面的需求日益增强，并使民众对政府提出更高的要求。收入水平较高的居民，更希望得到便捷、体面和有获得感的政务服务。我们以人均GDP作为代理变量，用于衡量城市人口的收入状况，并假设它同城市政务微博的发展状况正相关。

H8 城市人均 GDP 同政务微博的实施状况存在正相关关系。

三 数据与研究方法

(一) 分析单位与数据来源

本文的分析单位为中国的地级市，包括省会城市和副省级城市（计划单列市），而不包括直辖市和县级市。之所以选择地级市作为研究对象和分析单位，是因为这些城市之间的可比性较强，且相关数据较为齐整，并有利于同已有研究相对照。

本研究的数据有多个来源，可以避免共同方法/来源偏误。有关各个城市政务微博的竞争力数据，是基于新浪微博数据的合成指数，评估时间为 2016 年全年（人民网舆情监测室，2017）。有关自变量的数据主要来自《中国城市统计年鉴》中的 2015 年各城市数据，与因变量相比滞后一期以避免因果关系反转。有关人口特征的变量主要使用 2010 年全国人口普查数据。有关各城市电子政务的数据来自 2015 年政府网站绩效评估的综合指数（中国软件评测中心，2016）。

表 1 主要变量的定义与测量指标

变量	测量指标
竞争力	传播力、服务力和互动力三项指数的加权平均值
传播力	微博的阅读总次数、活跃的账号总数及其占账号总数的比重
服务力	主动回复评论的总次数、发布的微博总数、发布的原创微博总数、网友"@"的回复次数和回复率、网友私信的回复次数和回复率
互动力	用户转发微博、评论微博和点赞的总次数（均排除垃圾用户）
财政健康	（预算财政收入－预算财政支出）/预算财政支出（％）
电子政务	城市政府网站绩效总分

续表

变量	测量指标
行政级别	以地级市为参照组,设置省会城市和副省级城市的虚拟变量
政府规模	常住人口总数(万人)(取对数)
互联网渗透率	宽带用户接入家庭总数/人口总数(%)
手机普及率	手机用户总数/人口总数(%)
平均受教育年限	人口受教育的平均年数
青年人口比例	15~34周岁的人口占总人口的比重(%)
人均GDP	城市区域生产总值除以人口总数(万元/万人)(取对数)

资料来源:人民网舆情监测室、中国软件评测中心、《中国城市统计年鉴》、中国人口普查数据。

(二)因变量的测量

已有研究通常使用政务微博账号的受欢迎程度(popularity)、粉丝的忠诚度(commitment)、账号的传播力(virality)三个指标来衡量其互动程度(engagement)。受欢迎程度通过每个微博被点赞的平均次数来衡量,忠诚度通过每个微博被评论的平均次数来衡量,而传播力则通过每个微博被转发的平均次数来衡量。将上述三项指标再除以微博账号的总粉丝数,就使政务微博的互动力不受粉丝规模的影响(Bonsón & Ratkai,2013)。但是这是对单个账号进行评估,如果要评估某个地区的政务微博总体情况,则需要将上述指标予以加权平均。

人民网舆情监测室利用新浪微博数据开发的地区政务微博竞争力评估框架,从传播力、服务力和互动力三个维度评估后进行加权合成。传播力主要从微博的阅读总次数、活跃的政务微博账号总数及其占账号总数的比重等指标评估。服务力则从政务微博账号主动回复评论的总次数、发布的微博总数、发布的原创微博总数、回复网友"@"的总次数及其占网友"@"总数的比重、向用户发私信的总数及其占用户私信总数的比重等指标来衡量。互动力的衡量指标包括用户转发微博、评论微博和点赞的总次数（均将垃圾用户予以排除）。上述三项指标及总指数的取值范围都是 0～100，取值越大说明竞争力越强（人民网舆情监测室，2017）。

从政务微博与民众的互动关系来看，微博本身的影响和互动主要包括阅读、点赞、评论、转发等；账号的互动则包括私信、"@"、关注（粉丝）等。与已有研究仅关注微博被点赞、评论和转发的情况相比，新浪微博的评估体系更加全面。但是，新浪微博的竞争力同政务微博的规模（如账号总数和用户数量）存在较大关联，因此这些规模因素需要在研究中予以控制。

（三）自变量的测量

财政健康状况的计算公式是：（预算财政收入 - 预算财政支出）/ 预算财政支出。电子政务发展状况使用城市政府网站绩效总分，有关各城市电子政务的数据来自 2015 年政府网站绩效评估的综合指数（中国软件评测中心，2016）。城市的行政级别是以地级市为参照组，设置省会城市和副省级城市（下文及表 2、表 3 中简称为"省会"和"副省级"）的虚拟变量。政府规模使用常住人口总数（万人）来衡量，并取对数。互联网渗透率指城市宽带用户接入家庭总数/人口总数（%）。手机普及率指手机用户总数/人口总数（%）。两个指标高度正相关（$r = 0.76$，$p < 0.01$），我们使用因子分析将其合并为一个微博使用率指数（Cronbach's $\alpha = 0.506$，特征值 = 1.76，方差累计解释率为 88.02%）。城市人口的平均受教育年限指人口受教育的平均年数。对于青年人口的定义，本文参考 2017 年 4 月中共中央和国务院印发的《中长期青年发展规划（2016 - 2025 年）》对青年的界定，年龄范围是 14～35 周岁。本文按照人口普查的标准，城市青年人口比例指 15～34 周岁的人口占总人口的比重（%）。人均 GDP 指城市区域生产总值除以人口总数（万元/万人），并取对数。上述城市数据来自 2015 年的《中国城市统计年鉴》和 2010 年中国人口普查数据。

(四) 模型设定

本研究使用的数据为截面数据,因变量为连续变量,可以使用基于普通最小二乘法(OLS)的回归模型进行假设检验。因变量为非负且限值(≤100)的连续数据,也可以使用 Tobit 模型进行估计。但是,两个模型的估计结果基本一致,所以我们使用 OLS 模型,因为其便于解释回归模型的估计结果。考虑到地级市是嵌入在各个省份的,因此我们报告了在省份层面调整的稳健标准误,以降低异方差等估计偏误。

四 结果

(一) 描述性统计分析

结果显示,城市之间在政务微博的表现方面差异较大(如图1和表2所示)。在样本城市中,政务微博竞争力的均值为46.709,其中传播力(63.050)最高,其次是互动力(41.997),最低的是服务力(37.416)。政务微博在加强舆情引导方面发挥重要作用,但是在回应民众诉求和提

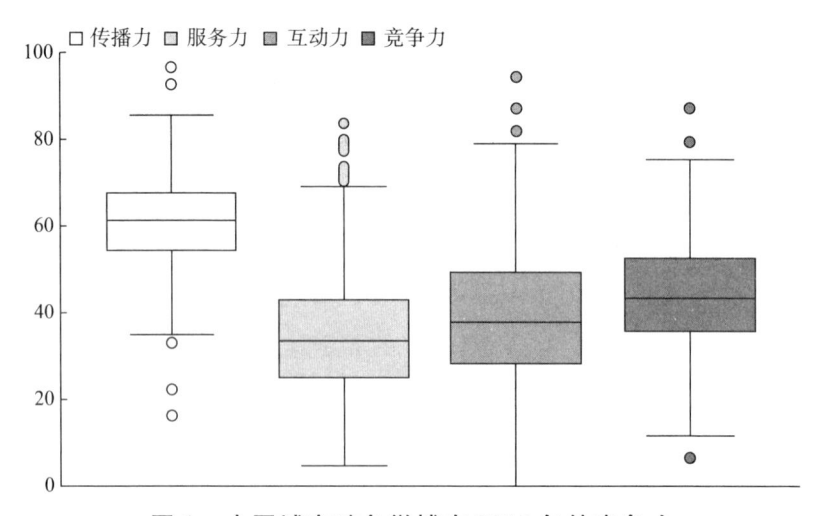

图1 中国城市政务微博在2016年的竞争力

供服务方面,还需要进一步提升。表2的描述性统计分析显示,城市之间的差异较大,且主要体现在服务力和互动力方面,而在传播力方面的差别不大。由于传播力主要反映政务微博的开通情况,所以在目前政务微博广覆盖的情况下,几乎所有地区和相关部门都开通了,因此差异并不明显。

表2 主要变量的描述性统计分析（$N=283$）

变量	均值	标准差	最小值	最大值
竞争力	46.709	12.020	21.6	87.46
传播力	63.050	9.173	41.03	96.48
服务力	37.416	13.937	14.16	83.55
互动力	41.997	14.773	11.38	94.31
财政健康	-0.537	0.219	-0.913	0.038
电子政务	0.459	0.499	0	1
行政级别				
副省级	0.053	0.224	0	1
省会	0.095	0.294	0	1
政府规模（取对数）	428.636	255.430	20.25	1244.35
互联网渗透率	0.198	0.181	0.043	1.890
手机普及率	1.040	0.803	0.198	9.010
平均受教育年限	8.933	0.803	6.55	11.12
青年人口比例	30.947	4.710	21.735	57.868
人均GDP（取对数）	50640.770	29171.590	10987	207163

对主要变量的相关关系（因篇幅有限未报告）分析显示,竞争力与三个具体指数的相关关系都在0.90以上,且三个具体指数之间的相关关系也在0.78以上。所有自变量都同因变量显著正相关（$p<0.05$）,符合本文的研究假设。部分自变量之间存在较强的相关关系,如财政健康与人均GDP之间为0.81。所有自变量的方差膨胀因子（VIF）都小于5,平均值为2.40,表明不存在严重的多重共线性威胁。

(二) 回归模型

我们在表 3 中报告了对各个因变量的回归模型估计结果,显示本文提出的研究假设得到了部分支持。从模型拟合优度来看,所有模型都通过了 F 检验,且调整的 R^2 都在 0.40 以上。与描述性统计分析的结果吻合,服务力(模型 3)的被解释率低于其他模型。自变量对竞争力及其三个具体指数的回归系数在显著性和方向方面都较为一致。

就供给角度而言,财政健康状况同政务微博的竞争力及其具体指数都显著正相关。在控制其他变量不变的情况下,财政健康状况每提高 1 个百分点,竞争力指数提升近 20 个百分点。值得注意的是,电子政务发展水平同政务微博的竞争力及其具体指数都不存在显著的相关关系。副省级和省会城市的两个虚拟变量都同政务微博的竞争力及其具体指数存在显著的正相关关系。平均来说,副省级和省会城市的政务微博竞争力比地级市的分别高 6.7 个百分点和 7.9 个百分点。以人口总数来衡量,政府规模同政务微博显著正相关。在控制其他因素不变的条件下,人口总数每增长 1 个百分点,政务微博竞争力增加约 6.6 个百分点。

表 3 OLS 回归模型估计结果($N = 281$)

模型 因变量	(1) 竞争力	(2) 传播力	(3) 服务力	(4) 互动力
财政健康	19.94**	15.61**	18.41**	25.19**
	(7.414)	(6.111)	(7.378)	(9.406)
电子政务	1.208	-0.257	2.200	1.475
	(1.232)	(1.085)	(1.535)	(1.478)
行政级别				
副省级	6.718***	4.496**	6.781*	8.562**
	(2.330)	(1.905)	(3.737)	(3.209)
省会	7.886***	6.979***	6.921**	9.628**
	(2.762)	(1.907)	(3.157)	(3.551)

续表

模型 因变量	（1） 竞争力	（2） 传播力	（3） 服务力	（4） 互动力
政府规模	6.569***	5.232***	6.579***	7.703***
	(0.761)	(0.608)	(0.994)	(1.008)
微博使用率	2.262***	1.450**	3.237***	1.984*
	(0.729)	(0.630)	(0.759)	(0.996)
平均受教育年限	-2.435	-2.973**	-2.266	-2.144
	(1.463)	(1.125)	(1.620)	(1.837)
青年人口比例	0.0255	-0.000495	0.0632	0.0101
	(0.188)	(0.161)	(0.181)	(0.262)
人均GDP	0.649	1.823	-0.241	0.529
	(2.718)	(2.307)	(2.456)	(3.725)
常数项	31.38	47.16	27.68	21.61
	(40.317)	(34.517)	(35.312)	(54.793)
R^2	0.580	0.555	0.456	0.557
调整的R^2	0.566	0.540	0.438	0.543
F	62.045	50.067	48.778	44.951

注：括号外为回归系数，括号内为省份层面调整的稳健标准误。* $p<0.10$，** $p<0.05$，*** $p<0.01$。

就需求角度而言，我们仅发现微博使用率同政务微博的竞争力及其三个具体指数存在显著正向关系。在其他因素不变的情况下，微博使用率每增加1个单位，政务微博竞争力增加2.3个单位。平均受教育年限、青年人口比例和人均GDP都同政务微博的竞争力不存在显著相关关系。平均受教育年限仅同政务微博的传播力存在显著负相关关系，这可能同微博在高学历人群中的热度衰退有一定关系。

五　讨论与结论

（一）主要结论

本文利用中国地级市的多源截面数据，实证分析了政务微博的绩效及其影响因素。本文从供给与需求两个方面提出了 8 个影响因素，发现供给侧的因素影响最为明显，而需求侧的变量则影响有限。研究显示，财政健康状况、行政级别和政府规模同政务微博绩效显著正相关，而政府网站绩效则同政务微博绩效的关系不大。在需求侧，仅有微博使用率同政务微博绩效显著正相关，而人均 GDP、平均受教育年限和青年人口比例等与其都不存在显著相关关系。

本文的发现与已有研究部分吻合，也存在差异。公安微博的开通时间主要受政府规模和互联网渗透率等变量的影响，而政务微博绩效也受这些因素的影响（Ma，2013）。政务微博的开通数量同人口规模、财政资源、行政级别等因素紧密相关（Ma，2014；2016），而本文也发现这些因素的显著影响。欧洲国家的研究显示，城市电子政务就绪度与社交媒体的互动性不存在显著相关关系，但是互联网普及率、居民使用政府网站的比例和使用微博的比例等则同其负相关（Bonsón，Royo & Ratkai，2014）。本文的发现同其结论略有不同，尽管政府网站绩效不影响政务微博绩效，但移动互联网普及率的影响是显著正向的。

上述研究表明，政务微博是在政府 1.0（如政府网站）基础上的跃迁，即政府 2.0。尽管政府 1.0 做得好的城市，会为政府 2.0 的发展提供支持，但是本文并未得出与之吻合的证据。笔者对某城市公安微博运营团队的访谈显示，许多政府部门的政务微博运营团队与政府网站的运营团队分属不同科室，并受到不同领导的指导，有不同的任务要求。这意味着不同渠道和平台还没有完全融合，也使许多政府网站绩效较高的城市未能获得政务微博的发展。与此同时，政府网站发展不佳的城市并不影响其在政务微博上发力。值得注意的是，城市的规模、级别和财力状况同政务微博的综合发展密不可分，说明来自城市人力资源、行政权限和财政资源等方面的支持，对政务微博的实施具有很强的助推作用。如前所述，尽管微博本身是免费的平台和渠道，但是政务微博的运营则依赖人财物的资源支持。

本文的研究发现，需求侧仅有微博使用率同政务微博绩效显著正相关，而其他变量（如人口的受教育程度、青年人口比例和人均GDP）则同其不存在显著相关关系。人口规模也可以部分视为需求侧的影响因素，这说明政务微博的综合发展同用户基础的规模高度相关，而同微博用户的活跃性或参与性则关系不大。政务微博的众多粉丝都是被动的信息接受者，而在主动参政议政和咨询服务方面则还有很长一段路要走。

（二）政策启示

本研究表明，政务微博绩效主要受到供给侧因素的影响，而仅同需求侧的部分变量有关。这表明加强供给侧的驱动力，是推动政务微博的关键之一。本研究表明，获得人、财、物等方面的资源支持是政务微博发展的关键因素。各级政府部门应加大对政务微博的投入力度，使政务微博得到更加专业的运营团队、更加充裕的财力支持和更加灵活的运作机制与行政权限，以为其进一步发展提供强力支持。

目前各级政府部门都在加大对政务微博的推动，通过考核、监督、奖励等正式制度手段推动政务微博的开通、运营，鼓励创新，扩大其影响。这可以在一定程度上解释政务微博的迅猛发展，说明这也是行之有效的途径。但是，当政务微博发展到一定程度以后，应进一步推动需求侧的拉动，使政务微博真正答民意、解民忧，而不是单向的"自说自话"。本文发现政务微博的用户规模和数量会影响其发展状况，但是反映用户的参与、互动和黏性等方面的变量则同其并不存在显著的相关关系。这说明政务微博需要加强客户关系管理，推动政务微博在双向互动、公众参与和协同治理等维度的表现,使其真正从政府 1.0 转型为政府 2.0。

(三) 研究局限与未来展望

限于数据限制,本文未能将一些相关因素予以考虑,有待于未来研究加以补充。例如,政务微博的运营动力还来自上级政府部门的强制压力和激励,而这方面的研究还有待强化。国务院、有关部委和各省政府部门(如公安、政法、外宣等)都制定了政务微博运营的规范性文件,推动各地政府部门开通和运营政务微博。此外,不同地区之间的相互竞争和学习,也是理解政务微博发展的重要维度。一方面是上级政府的考核压力,另一方面是本级政府的发展诉求,此外还有清博指数等第三方平台的排名激励,都会推动政务微博之间的激烈竞争。与此同时,政务微博运营主体之间的互动交流,也为相互模仿和学习提供了机会,并推动了许多技术和实践的扩散。未来研究可以考虑使用合适的指标对这些变量进行测量,并考察它们对政务微博绩效的影响。比如,可以地级市政府发布类政务微博的开通时间作为衡量其创新程度的指标,因为发布类政务微博的引领性和示范性较强,可以作为该市政务微博的创新指标。再如,省内同级政府之间的竞争程度可以两个指标衡量:城市所在省份的地级市数量、省内其他地级市的政务微博平均绩效。

另外,本项目使用的是截面数据,未来研究可以使用面板数据或其他研究设计,以评估本文关注的变量之间的因果关系。与此同时,本文将各城市所有政务微博的绩效数据进行汇总,这可能忽略了城市内部不同政务微博账号之间的差异。未来研究可以使用账号层面的详细数据,对政务微博绩效的影响因素进行重估。

参考文献

CNNIC,2017,第 39 《次中国互联网络发展状况统计报告》,北京:中国互联网络信息中心（CNNIC）.

马亮，2012，《政府信息技术创新的扩散机理研究》，《公共行政评论》第5期。

马亮，2014，《政府2.0的扩散及其影响因素：一项跨国实证研究》，《公共管理学报》第1期。

人民网舆情监测室，2017，《2016年人民日报·政务指数微博影响力报告》，北京：人民网舆情监测室。

郑跃平、黄博涵，2016，《"互联网+政务"报告（2016）——移动政务的现状与未来》，《电子政务》第9期。

中国软件评测中心，2016，《2015年中国政府网站绩效评估总报告》，北京：中国软件评测中心。

Berman, E. M. 1997. Dealing with Cynical Citizens. *Public Administration Review*, 57 (2): 105–112.

Bonsón, E., & Ratkai, M. 2013. A Set of Metrics to Assess Stakeholder Engagement and Social Legitimacy on a Corporate Facebook Page. *Online Information Review*, 37 (5): 787–803.

Bonsón, E., Royo, S. & Ratkai, M. 2014. Facebook Practices in Western European Municipalities: An Empirical Analysis of Activity and Citizens' Engagement. *Administration & Society*.

Brainard, L., & Edlins, M. 2015. Top 10 U. S. Municipal Police Departments and Their Social Media Usage. *The American Review of Public Administration*, 45 (6): 728–745.

Fichman, R. G. & Kemerer, C. F. 1999. The Illusory Diffusion of Innovation: An Examination of Assimilation Gaps. *Information Systems Research*, 10 (3): 255–275.

Ma, L. 2013. The Diffusion of Government Microblogging: Evidence from Chinese Municipal Police Bureaus. *Public Management Review*, 15 (2): 288–309.

Ma, L. 2014. Diffusion and Assimilation of Government Microblogging: Evidence from Chinese Cities. *Public Management Review*, 16 (2): 274–295.

Ma, L. 2016. The Diffusion of Microblogging in the Public Sector: Evidence from Chinese Provinces. in M. Z. Sobaci (Ed.), *Social Media and Local Governments*

(Vol. 15, pp. 171 – 192), Springer International Publishing.

Nohria, N. & Gulati, R. 1996. Is Slack Good or Bad for Innovation? *Academy of Management Journal*, 39 (5): 1245 – 1264.

Rogers, E. M. 2003. *Diffusion of Innovations* (5th ed.). New York: Free Press.

Walker, R. M. 2014. Internal and External Antecedents of Process Innovation: A Review and Extension. *Public Management Review*, 16 (1): 21 – 44.

Zhang, N., Zhao, X., Zhang, Z., Meng, Q. & Tan, H. 2017. What Factors Drive Open Innovation in China's Public Sector? A Case Study of Official Document Exchange Via Microblogging (odem) in Haining. *Government Information Quarterly*, 34 (1): 126 – 133.

Zheng, L. 2013. Social Media in Chinese Government: Drivers, Challenges and Capabilities. *Government Information Quarterly*, 30 (4): 369 – 376.

What Drives the Performance of Government Microblogging? An Empirical Study of Prefecture-level Cities in China

Liang MA

(The National Academy of Development and Strategy, Renmin University of China)

Abstract: The performance of government microblogs varies substantially across regions, and it is intriguing to explain what drives the difference. In this paper we identify a group of variables that may affect government microblog from the supply-demand perspective. We use multisource data of Chinese prefecture-level cities to empirically test the hypotheses. The results reveal that government microblog is primarily driven by supply-side factors, while the effects of demand-side variables are largely limited. We find that government size, fiscal health, administrative rank, and internet penetration rate are positively related to government microblog performance. We discuss the theoretical contributions and policy implications of the results, and conclude with avenues for future research.

Keywords: Government Microblog; e-Government; Government Innovation; Post-adoption Behavior; Social Media

全球网络空间治理的理论反思：
一种尝试性的分析框架*

宋 煜 张影强**

【摘要】 网络空间是人类在信息技术发展和全球化背景下开拓出的一种新型空间，这一空间同样存在大量的治理问题和挑战，而解决这些困境需要集合全球各种文明的智慧。本文从构建网络空间的命运共同体的高度，对全球网络空间治理的理论进行了研究，建立了以网络人权、网络主权与网络治权为内容的"三位一体"理论分析框架，从"多利益相关方"治理模式角度将"底线公平"理论与网络空间治理相结合，提出了具有实践价值的理论反思和策略建议。

【关键词】 全球网络空间治理；底线公平；网络人权；网络主权；网络治权

网络空间是人类在信息技术发展和全球化背景下开拓出的一种新

---

* 项目资助：中国国际经济交流中心课题"推动建立全球网络空间治理体系"。
** 宋煜，中国社会科学院社会学研究所助理研究员，信息系统监理工程师。研究领域为社区信息化、社区居家养老、社区志愿服务，涉及人工智能、大数据等跨学科领域。
张影强，中国国际经济交流中心信息部网络处副处长，经济学博士、副研究员；先后获经济学学士、劳动经济学硕士和产业经济学博士学位。主要从事宏观经济和新经济等领域的研究。

型空间。作为信息技术设施和规则的集合体，它不仅为人类提供了一种先进工具，也提供了一种独特的生产和生活空间，人类由此获得了新型的生存方式和视野。网络在科技上是促进生产力竞争的平台，在经济上是财富增殖的手段，在文化上是人类交流的工具，在安全上是彼此角力的战场，在政治上是大国博弈的场所。这些都对过去的全球治理体系造成了冲击，也提供了变革的机遇。

目前，全球互联网的发展依然存在着地区不平衡、规则不健全、秩序不合理等问题，现有的全球网络空间治理模式也主要代表着西方国家的思想与理念，与大多数发展中国家的意愿和需求存在较大落差（董成雄、黄日涵，2016）。由于相关核心技术仍受制于人，因此当前和今后一段时期内，全球网络空间治理仍然会由西方国家，特别是美国及其代理人来主导，这也使得以中国为代表的广大发展中国家缺乏话语权。全球范围的经济、政治、社会、文化与生态发展已经越来越依赖于网络空间，人们通过互联网开展经济活动，进行政治参与，传播文化理念等。因此可以说，获得多大的全球网络空间治理权，也就意味着获得多少发展的权益。西方国家从自身的意识形态和经济发展角度出发，提倡"网络自由"，宣扬网络空间中的"人权大于主权"，对网络主权不予承认，又提出一套基于"多利益相关方"的网络空间治理理念，力图用其经济和技术等方面的实力来代替网络空间治理的平等与公正，利用其代理人控制网络治理平台和规则的建设，让"网络霸权"得以延续。这也是与网络空间建立与发展的初衷所背道而驰的。

中国倡导建设人类命运共同体，这就需要将自身命运与前途同世界命运和前途紧密联系在一起。为构建网络空间的命运共同体贡献中国智慧，提出中国方案，正是这种共同体意识的体现。其中，对全球网络空间治理理论的梳理与创新是一项基础性工作，这也正是本文力图去尝试的。

一　全球网络空间治理的概念辨析

20世纪70年代，伴随着计算机的问世，计算机技术迅猛发展，计算机与计算机相互联结形成了计算机网络，而将计算机网络互相连接在一起就成为"网络互联"，这些网络以一组通用的协议串联成一个庞大的网络，这个网络覆盖全世界，形成全球性互联网络即互联网。网络空间是基于现代信息网络技术而架构的场所。从技术层面上讲，它的表现形式为计算机交互网络，尤其是以互联网（Internet）为代表的通信网络。它将不同地理位置的、具有独立功能的多台计算机及其外部设备，通过通信线路连接起来，在网络操作系统，网络管理软件及网络通信协议的管理和协调下，实现资源共享和信息传递。

（一）网络空间概念的起源与变迁

"网络空间"（Cyberspace）一词最早起源于20世纪80年代初。作家威廉·吉布森在出版的科幻小说《神经巫师》中创造了"网络空间"这个术语，用它来描述包含大量可带来财富和权力信息的虚拟计算机网络。在他的小说中，网络空间指客观世界和数字世界交融在一起，让使用它的人感知一个由计算机产生的而现实中并不存在的虚拟世界，并且这个充满情感的虚拟数字世界也影响着人类现实物质世界（夏燕，2010）。本尼迪科特在其主编的《网络空间：第一步》中对网络空间进行了描述："一个由计算机支持、连接和生成的多维全球网络，或者'虚拟'实在。"在网络空间中，每个计算机都是一个窗口，由此所见所闻的对象既非实在的物体，也不一定是实在物体的形象。在形式上，其涉及的符号或操作，都由数据和纯粹的信息构成（Benedikt，1991）。

网络空间的定义经历了一个由现象技术层面描述到现实社会层面概括的逐渐丰满的发展过程（夏燕，2010）。随着网络空间对社会的影响日趋增多，它的凸现改变和重塑着人类的生存方式与行为方式，对人类社会的规则制度更是产生激烈而深刻的影响。虽然表面看起来网络空间只是无数电脑终端的连接，但实质上，网络空间是信息技术带来的一种新型社会场域，它与日常社会生活并不相同，它连接的是作为运用和生产的"人"。人们赋予网络空间更多的含义和维度，用其描述计算机网络化把全球的人、机器、信息源都联系起来的新时代，昭示了一种社会生活和交往的新型空间甚至是新型的社会。网络空间并不是一个物质的或有形的实体，而是一个无形的虚拟空间，一个无中心的全球信息媒介，它能将全世界的人、组织、机构、政府等联结在一起。它不仅为网民们的人际互动提供了全新的平台，而且为网民重新塑造自我认同提供了一种后现代的社会生态样貌的全新场域（黄少华、翟本瑞，2006）。

（二）网络空间治理面临的新局面

在短短几年内，网络空间的发展呈现一些明显的趋势，这也导致网络空间治理的领域与规则面临着极大的挑战。

第一，信息网络经历了从实验性的军事网络、小规模的政府和科研应用到全面投入商业化运作的历程，逐渐从军事领域用途向民用为主转变，互联网日益普及"寻常百姓家"，网络空间也从科研和商业逐渐进入人类的生产过程和日常生活之中。互联网的始祖——APPANET 的诞生是出于军事斗争的考虑，而互联网快速发展的主要推动力则来自经济和商业的需求。军事领域应用的需求仍然深刻地影响着互联网尖端技术的发展，如美国国防部先进研究项目局（Defense Advanced Research Projects Agency，DARPA）为国家安全研发突破性的互联网技术，涉及战略性无人机、未来兵器，以及生物技术、大数据分析和电子信息等领域（柯大文，2016）。

第二，随着移动互联网和新一代无线通信技术的发展，人类越来越需要随时随地、信手拈来、简单直接的信息接触和服务，接触互联网的终端从个人电脑变为越来越依赖于移动设备，使得不当的信息充斥大众的视野，个体意识的表达日益简便和随意，政府在信息资源的优势地位逐渐动摇，原有的信息壁垒逐渐崩塌，从而打破了原有的社会治理体制，导致传统行政管理面临极大挑战（宋煜、王正伟，2015）。对网络空间治理而言，政府的压力也越来越大，迫切需要提出适合的政策与办法。

第三，网络空间已经从信息互联向"万物互联"发展。近年来，随着云计算、物联网和大数据技术的发展，网络空间在数字化和网络化基础之上又产生了巨大变化。在物联网引发的万物互联条件下，社会深度信息化，大量高速增长的复杂数据广泛互联，让数据采集不再受制于主观、断点、结构和结论化的局限，极大地降低了采集成本，连续的样本检测可以客观分析更多的细节，人与社会和自然的关系变为生命记录、活动记录和环境变化记录，从而最终获得更具深度和广度的数据基础，促进着大数据应用时代的到来（曹三省、鲁丹，2016）。

第四，网络空间治理格局逐渐从西方主导向东方崛起的转变。西方发达国家占据网络技术、科技人才与网络基础设施的优势地位，而发展中国家对网络空间治理的诉求长期得不到满足。中国互联网络信息中心（CNNIC）发布的《第38次中国互联网发展状况报告》显示，截至2016年6月，我国网民规模达7.10亿，上半年新增网民2132万人，增长率为3.1%。我国互联网普及率达51.7%，与2015年底相比提高了1.3个百分点，超过全球平均水平3.1个百分点，超过亚洲平均水平8.1个百分点，互联网普及率增长稳健。与此同时，美国网民规模由20世纪90年代初期占世界总量的2/3跌到了9.0%，十年内还将跌到5.0%。尽管美国想掌控全球互联网的治理权，但也越发力不从心（方兴东，2015）。发展中国家对网络空间治理的诉求并未得到国际社会的认可与重视，中国所代表的发展中国家和东方力量在全球网络空间中所占的比重越来越大。

（三）网络空间治理的关联性概念

"网络空间"中所指的"网络"从形式上来说包括了互联网（Internet)、电信网（Telecommunication Network）、广播电视网（Cable TV Network）。世界各国和企业纷纷提出了"三网融合"的相关技术与发展规划，但在实践中由于成本和应用等多方面考虑，电信网和广播电视网更多起到了承载互联网的作用，互联网则发挥其开放共享和丰富应用的优势，承担了应用与内容传播的功能。全球网络空间治理的对象主要是指互联网空间。与之相类似的还有几种同义词：Cyberspace（赛博空间）、World Wide Web（万维网空间）、Internet（互联网空间）。第一种表达虚拟世界行为，属社会范畴；第二种表达全球信息发布，属信息范畴；第三种表达计算机网络通信，属技术范畴。这三种内涵属于三种完全不同的概念范畴，侧重点虽有不同，但所研究的对象以及参与的主体都互相重叠，往往被视为相同的概念。

1. 互联网治理

2003 年，在信息社会世界峰会日内瓦阶段会议上，互联网治理（Internet Governance）成为热门话题。本次峰会的成果文件《日内瓦行动计划》推动联合国秘书长成立了互联网治理工作组（WGIG）。该机构的工作之一便是制定关于互联网治理的工作定义。WGIG 对互联网治理的定义是政府、私营部门和民间社会根据各自的作用制定和实施旨在规范互联网发展和使用的共同原则、准则、规则、决策程序和方案。这一定义强化了政府、私营部门和民间社会共同参与互联网治理机制的概念，对于互联网治理的具体问题，各个群体有着不同的利益、作用和参与形式，且在某些情况下会出现重叠。WGIG 强调互联网治理所涵盖的不仅仅是互联网名称和地址，还包括其他重大的公共政策问题，如重要的互联网资源、互联网安全保障以及发展方面和与互联网使用有关的问题（郭丰，2012）。从这一角度来看，互联网治理与网络空间治理之间具有较高的重叠性。

2. 网络社会

"网络社会"的内涵存在两种表达：一为 Network Society，一为 Cyber Society。前者被普遍定义为在人类社会结构变迁过程中，一种作人类交往实践活动的新生社会关系，它是网络与信息技术网络的社会共同体。此处的"网络"不仅仅是"虚拟"社会中基于技术的网络，也包含了现实世界中由人们的交往实践而形成的网络，基于技术的网络则是其交往互动的媒介。后者是指互联网通过虚拟现实技术模拟现实情境所形成的沟通信息的空间，是人类生活和工作的"另类空间"，具有虚拟性。早期的网络社会研究者将网络社会描述为绝对自由的社会，其本质是没有政府干预的空间，认为"网络空间造就了现实空间绝对不允许的一种社会——自由而不混乱，有管理而无政府，有共识而无特权"（劳伦斯·莱斯格，2004）。随着技术的发展和研究的深入，研究者逐渐认识到"网络是一种社会控制工具"，这主要归因于一方面，技术手段的进步使得对互联网的控制成为可能，另一方面，政府的强制性渗透导致了信息独裁（蔡文之，2007）。那些认为政府不能规制互联网的传统观点已被事实证明是错误的，政府正在通过其所掌握的各种资源管理网络社会。另一方面，政府也认识到一味压制互联网也是不可能的，并注意到了互联网有利的一面（曾润喜、徐晓琳，2010）。

3. 全球治理

随着经济全球化的深入发展，世界各国利益和命运被更加紧密地联系在一起，形成了你中有我、我中有你的利益共同体。很多问题不再局限于一国内部，很多挑战也不是一国之力所能应对的，全球性挑战需要各国通力合作来应对。世界上的事情越来越需要各国共同商量着办。为解决超国家（跨国家）问题，"全球治理"（Global Governance）作为应对全球问题中普遍认可的价值观念，受到世界各国的普遍认可。国家和地区政府、国际组织、非政府组织、企业以及个人等通过对话、谈判、协商与合作等方式，统统参与其中，以促成问题的解决，并为此建立相应的机制。

网络空间是全球治理的重要内容，也是一种竞争与合作并存的博弈。网络空间是各国将本国网络基础设施作为共享物与全球连接共同建构的，且各国人民都可以通过网络效应获益，因此应当建立具有全球共识的网络治理机制。从竞争角度看，网络空间具有获取资源和拓展影响力的功效，因此全球各种力量都试图主导或影响全球网络秩序的建立（张全，2012）。新兴力量在全球治理进程中的利益和诉求，必然要求反映在全球治理体制的相关规则当中。但是这不代表新兴力量意图打破传统的治理体制，而是力求顺势对全球治理体制进行创新和完善。

二 全球网络空间治理的主流理论

由于各大国在网络核心资源、核心技术的市场占有份额及文化价值观念等方面的差异，网络空间的治理思路仍存在分歧和矛盾。"网络自由主义"不断兴起，成为网络强国挑衅他国网络主权的得力工具。目前，一些拥有网络技术优势的发达国家，推出"网络自由"的价值理念，打着"网络无疆""人权大于主权"的旗号，以期把他国网络变成不受约束的飞地。与此同时，这些国家还利用一些非国家主体作为其代理人，强化对全球网络空间的管控，希望长期有效地对互联网实施"难以觉察"的控制（叶征，2014）。以中国为代表的广大发展中国家则明确地提出"网络主权"的价值理念，强调在维护国家主权、保护国家网络安全的前提下，维护个人网络权益，开展网络国际开发合作，共同开展全球网络空间的治理。

对这些主流理论进行分析，为中国参与全球网络空间治理体系建设提供理论依据，并在这些理论中加入中国思想，是中国作为网络大国应尽的义务和所应承担的责任。本文将从网络治（理）权、网络主权和网络人权三个角度进行分析，力图找到一种全球网络空间治理的理论分析框架。其中，以"底线公平"为核心的网络人权理论是最根本的出发点和创新之处。

（一）人权：网络空间治理中的底线公平

实现人民充分享有人权是人类社会的共同奋斗目标。长期以来，中国以"海纳百川，兼收并蓄"的态度，走出了一条符合自身国情的人权道路。让每个人都能发展自我和奉献社会，共同享有人生出彩、梦想成真的机会，共同享有平等参与、平等发展的机会，是人权事业的崇高追求（钟声，2016）。网络空间治理中的人权主要体现在网络空间的"公民权利"上，即公民权利在网络空间中的行使和实现。作为人类的第五空间，公民权利在网络空间行使时要和在现实生活中一样，在享受法定自由和利益的同时，也要遵守法定的界限和规则。主要体现在两个方面：一是保障人民平等使用互联网的权利；二是依法保障人民互联网的言论自由。相当长的一段时期内，网络人权的讨论都过多地强调"网络言论自由"的部分，而忽略了大众平等使用互联网，并充分共享发展成果的权利。

底线公平理论是我国学者针对西方社会福利理论提出的具有中国特色的社会建设理论。其基本假设是在社会建设中的各类主体应在底线公平基础上最大限度地形成共同性，找到均衡点，提高协调的效果，进而实现社会正义的目标。所谓底线公平，即是所有公民在社会保障中应当具有的一致性的、基本的权利。在这一理论基础上，保障网络空间中的"底线公平"就可以成为全球网络空间治理的道德基础。

1. 底线公平理论的中国背景及其观点

底线公平理论是从中国问题出发，由中国学者提出的对社会保障和社会福利的基础性的理论探讨。"底线公平"强调政府保障社会公平的责任底线和公民实现社会公平的基本权利底线的同一性，体现了研究者运用辩证思维研究社会建设问题的方法自觉。在全球网络空间治理中引入"底线公平"是一种积极的探索和创新。

底线公平理论来自对福利国家社会发展困境的反思。所有建立社会保障制度的国家都会遇到一个难以解决的问题，即福利制度的建立过程是保障范围越来越大，保障项目越来越多，保障水平越来越高，并最终成为一种几乎不可逆转的趋势。这个趋势的必然结果是高福利水平让国家财政难以支撑，整个社会激励不足，发展趋缓。与此同时，任何想要降低和缩小福利的努力都难以实行。近年来，中国已步入经济社会高速发展期和矛盾凸显期，经济快速发展和社会机制相对滞后引发的民生问题尤为突出。利益关系的复杂性、利益主体的多样性、价值取向的多元性、利益结构的分化性交织在一起，以前所未有的态势深刻地呈现在人们面前，历时态社会发展进程在中国同时态展开。另外，制度和政策可能使一些人得益而另一些人受损，每个个体以及其所代表的群体对"公平"的理解又各不相同（景天魁，2009）。中国的古代思想家墨子认为，"民有三患，饥者不得食，寒者不得衣，劳者不得息，三者民之巨患也"，提出统治者要"兴天下之利，除天下之害"，使"饥者得食，寒者得衣，劳者得息"（刘洪清，2015）。其实可以认为这些思想是最早的"底线公平"主张，隐含着追求社会正义与公平的内涵，也体现出中国传统社会的治理逻辑。

底线公平的关键是如何确定"底线"。"底线"可以理解为一种"界限"，清晰且必须得到大众的广泛认同和可持续的保障。在社会福利领域，"底线"是指社会成员基本需要中的"基础性需求"，比如最低生活保障制度、公共卫生和大病医疗救助和义务教育制度等。"底线"划分了社会成员权利的一致性和差异性。底线以下部分体现权利的一致性，底线以上部分体现权利的差异性，所有公民在这条"底线"面前所具有的权利一致性就是最终要实现的"底线公平"（景天魁，2007）。

温饱的需求（生存需求）、公共卫生和医疗保障的需求（健康需求）和基础教育的需求（教育需求）三项需求是人人躲不开、社会又公认的"底线"（景天魁，2006）。生存、健康和教育的底线权利，为我们设定网络社会的"底线"提供了借鉴。其中，政府的角色至关重要，诸如政府的责任底线以及与市场的边界、政府责任和能力的基础部分和非基础部分、社会政策的制定与执行等，这也是由政府存在的意义所决定的。

2. 底线公平理论在网络空间治理中的应用

底线公平理论的一大发现就是底线公平要比一般公平更有利于真

正实现社会平等和社会正义,这在中国这样的各种社会差距巨大的复杂国情下更是如此。同样网络空间自身开放、无权威的特性让亿万人参与进来,个体摆脱了现实社会之中身份、等级、职业甚至性别的限制。虽然这让平等的理念更深入人心,但也会加剧人类在虚拟世界中的不平等。在全球网络空间治理的视角下,这种差距巨大的复杂性同样存在,底线公平理论无疑也是一种重要的理论解释和可行路径。

网络治理视角下的"底线公平"是指根据互联网的基本状况和发展需要,划定一条国际社会共同认可的底线。底线以下的部分是每一个个体在网络生活和网络发展中共同需要的部分,其基本权利必不可少,否则将对其在网络上的生存权和发展权产生剥夺。因此,无论能力高低,无论地区差异,都需要社会和政府来提供这种保障。正因此,强调以国家主权为理论基础的"网络主权"价值观念就显得顺理成章。通过政府充分协调各利益主体,也能够让保障网络人权落到实处。与此同时,社会在网络空间治理中的作用也必须加强,只有这样才能有效地保障"底线"的社会认可度,达成社会共识,才能保障全球网络空间的公平与正义。

确定网络空间治理的"底线",就是确定网络控制权等相关权利的水平高、中、低的标准线,按照以上所说的底线公平的规定性,就是要确定政府责任与市场作用的界限、网络权力中基础部分与非基础部分的界限、相关规则的重点和次序、无差别的公平与有差别的公平的界限。这些界限都是网络空间治理中的一些基础性的问题,如互联网用户占本国人口的比例、用户男女性别比例、宽带普及率、宽带用户比例(固定/移动)、互联网使用成本/宽带接入价格、互联网带宽分布等(ITU,2016)。需要特别指出的是,要确定底线,就不是只找几个数据,或者用国内的数据与国外的数据做个简单的比较就能完成的。必须依据对那些基础性问题、基本关系的深入研究,找到有标志意义的"量"。可是全球网络空间治理体系中有许多具体制度或项目,每个制度或项目都有一些可以标志以上基本关系的"量",要想以所有这些

"量"为标志把底线画出来,可能是极其繁杂的。

在当前全球互联网发展的背景下,网络空间的"底线"也存在三个维度:网络生存底线、网络健康底线和网络教育底线。网络生存底线可以理解为对接触和使用互联网获取信息的基本需求,这涉及软硬件基础设施、网络终端普及率、宽带普及率、使用和接入成本等,主要是保证每个人都享有使用网络空间服务的权利;网络健康底线主要指网络空间治理的每一个参与主体要保障网络的安全和健康发展,这包括设备安全、信息安全、软件安全和网络运行环境的安全等,参与主体要坚持维护网络健康发展的价值观,协力打击网络犯罪和恐怖活动,保证人人都拥有一个开放健康的网络空间;网络教育底线意味着每个人都应当具有获得最好的互联网教育的权利,从而消除互联网发展在人与人之间所形成的"数字鸿沟"。以上这些底线,正是中国在网络空间治理理念中所提倡的,更需要我们在国际上旗帜鲜明地予以呼吁,达成更广范围的共识。

(二)主权:国家主权背景下的网络主权

主权理论是迄今为止国际政治领域的奠基理论,是国际关系赖以进行的根据。科学技术的进步不断地扩展着人类活动的空间,而新的空间意味着新的资源。互联网的出现使人类拥有了一个新的空间——网络空间,但网络空间的开放性和无界化特征,使得国家主权受到了巨大的冲击,人们对国家主权观念的认识出现了新的变化与发展。

1. 互联网对国家主权理论的冲击

"主权"一词源于拉丁文的 Superranus,原意是最高的意思。民族国家出现之前,主权观念作为一种政治理论主要见诸一些政治思想家的论述。如亚里士多德在《政治学》一书中提出了一套完整的国家学说,虽然他没有明确使用"主权"一词,但他已经涉及国家主权的两大属性:对内最高权和对外独立权。近代意义的国家主权概念是在17世纪中叶以后随着威斯特伐利亚体系(Westphalian System)的产生而形成的。独立的诸侯邦国对内享有至高无上的国内统治权，对外享有完全独立的"自主权"。此后，国家主权开始具备对内对外的双重属性。主权便成为国家的象征，国家的完整和独立主要体现为主权的完整和独立。经过几个世纪的不断发展和完善，国家主权观念已成为国际关系理论的基础和出发点，几乎所有对国际关系的理论阐释都是从主权国家出发，并以国家主权为归宿的。

伴随着新科技革命所带来的国际政治的风云变幻，国家主权的概念仍处于不断发展变化之中。国家主权本身就是一个变动的历史范畴，其概念是随着历史的发展而发展的（刘飞涛，2000）。网络的出现不仅对传统国家主权造成了冲击，使之向内部和外部扩散，还加剧了主权的不平等（蔡翠红，2003）。国家是否具备网络空间的管理权，即网络空间的管理问题也凸显出来。在信息革命的推动下，信息技术赋予非国家行为主体以空前活动领域和活动能量，无论是次国家性的，还是无国家性的或超国家性的非国家行为主体，它们时常从内部和外部对国家的权威提出挑战（王开峰、徐佐彦，2000）。

尽管新科技革命对国家主权削弱和制约的趋势对所有国家都是一样的，但这种削弱和制约对技术水平迥异的发达国家和发展中国家来说，是不平衡和不平等的，即科技革命扩大了国家主权事实上的不平等。信息霸权将成为发展中国家主权和安全面临的最现实的威胁之一（赵旭东，1997）。以地缘为基础的传统管辖权和对本国事物排他的管辖权将受到严重的挑战。跨国的数据信息又将会使弱国的信息主权受到侵害，弱国试图通过加强网络基础建设和法制建设来维护主权（肖永平、郭明磊，2001）。国外学者普遍认为互联网的出现一定会导致国家主权的弱化或泛化。阿尔文·托夫勒在《创造新文明》中对未来的"超国家社会"进行了描述："随着第三次浪潮对民族经济的改变，民族国家被迫放弃部分主权，接受国与国之间经济与文化的部分渗透。"他认为，随着信息革命的到来，民族国家将退出历史舞台。尼葛洛在《数字化生存》中同样表达了相似的观点，认为信息技术的发展使得主权边界形同虚设。

在网络主权的讨论中，数据主权被突出强调出来。数据主权指一个国家对其政权管辖地域范围内个人、企业和相关组织所产生的数据拥有的最高权力（沈国麟，2014）。由于网络技术的发展，人们使用数据库存取数据的能力和效用突飞猛进地发展，因此一些国家倾向于依赖别国的数据而忽略建立自己的数据库。但是从长远来看，这种对他国的信息依赖就是认可文化方面拱手让人的一种形式（蔡翠红，2013）。当前，大数据和云处理的发展已经超越了原先以国土疆界为划分的安全概念，国家对数据资源的竞争，自然催生出数据资源所有权及管辖权的问题。因此，数据主权代表着国家主权在数字信息领域的延伸，也是网络主权的重要组成部分。

在互联网时代，国家主权呈现"强化"与"弱化"并存的趋势，即发达国家的国家主权得到强化，而发展中国家的国家主权受到严重冲击而弱化。总体而言，互联网使得国家主权的行使更加复杂化，而这并不等于对主权的破坏。尽管从表面上看互联网的发展对国家主权的制约趋势对所有国家是一样的，但是实质上这种制约对发达国家和发展中国家来说是不平衡的和不对等的。

2. 主权理论视角的网络空间治理

科学技术的进步在于其不断地扩展着人类活动的空间，而新的空间意味着新的资源。在陆地、海洋、天空和太空等有形的物理空间之后，无形的网络空间被视为人类的第五空间。网络空间的治理模式仍处在早期探索的无秩序状态，而解决互联网治理的前提应回归到界定网络空间的属性上，与陆地、海洋、天空等相似，网络空间被视为私域和公域共同构成的全球混合场域（张晓君，2015）。

网络空间的创立以及随之引发的网上主权问题已渐趋为世人所关注。阿尔文·托夫勒曾预言：谁控制了信息，控制了网络，谁就控制了世界。如果说控制了太空等于控制了通向未来之道的咽喉的话，那么控制了互联网就等同于控制了通向未来的神经系统。互联网必将成为继太空之后，引发的又一轮新的战略空间的国际竞争，因为这种竞争直接关系到一个国家在未来国际格局中的地位和影响，关系到一个国家在未来的生存与发展。因此，基于国家主权理论的"网络主权"概念必然会出现（曹鹏，2008）。所谓"网络主权"应该是国家主权在其虚拟的网络空间中的体现，是一个国家在其所辖的网络空间范围内，通过控制网络信息、保证国家安全享有的对内处理事务的最高权和独立自主地参与国际信息活动的权力。

在互联网时代，国家之间的相互依存在逐渐加强，一个国家除非不使用互联网，否则一旦进入就必然会受到规则的约束，很难自创一套规则以按照自己的意愿来选择流入国内的信息，因而也就是一种相对的主权。联合国信息安全政府专家组报告提出：网络主权原则是指国家主权和国家主权衍生出来的国际准则与原则，适用于国家开展的信息通信技术相关活动，也适用于各国对本国领土上信息通信技术基础设施的司法管辖（王远，2014）。

（三）治权：网络空间的治理逻辑与特征

国家主权的重要性体现在治理权上。网络治权是权利主体经由法律或者契约所取得的对网络的控制权和剩余索取权。控制权主要体现为一种排他性利用互联网资产从事投资和运营的决策权；而剩余索取权是取得剩余利益的权力，这就包括了使用权、开发权、监督权、执法权等，这是区别于控制权之外的诸多权利（彭世权，2010）。而治理本身则意味着治理行为的发生过程。

1. 网络治理中的多利益相关方理论

治理问题是近年来政治学、经济学与管理学等学科都非常关注的一个研究领域。全球治理委员会在《我们的全球伙伴关系》这一研究报告中对治理做出界定：治理是多种公共的或私人的个人与机构管理其共同事务的各类方式的总和。它是一个使相互冲突的或不一致的利益得以调和并进而采取联合行动的持续过程。该过程既包括有权强迫人们服从的正式制度与规则，也包括各种人们主动接受的吻合其利益需要的非正式的制度安排。治理不仅是一整套规则，也不局限于一种活动，还是一个过程；这一治理过程，其基础不是控制手段，而是协调的思想；治理的过程既涉及公共部门，也包含私人部门；治理活动不是一种正式的制度安排，而是一种持续的互动。治理研究的理论基础主要包含企业理论、委托代理理论与利益相关方理论。在全球网路空间治理的过程中，"多利益相关方"是最常被提起并被普遍使用的理论。

全球互联网治理的"多利益相关方"模式始于2014年，包括中国在内的诸多发展中国家乐观其成，认为这是互联网全球共治时代的开始。从另一个角度来看，"多利益相关方"是国家网络主权弱化的体现，也是国家在行使其独立处理网络事务权利时因受到某些因素的制约而使权利的体现减弱。互联网治理的"多利益相关方"模式建立在现有互联网治理机构的基础之上，而非取而代之。按照目前的态势，ICANN将被移交给由政府、私人部门和公民社会共同组成的利益相关体。因此，未来治理模式的走向，主要取决于这三大利益主体的权力分配和运作方式。

"多利益相关方"是目前网络空间治理研究的主流理论。其来源多被认为是公司治理的一种模式（张德明，2003）。利益相关理论大约在20世纪80年代兴起于美国的兼并浪潮。因为公司兼并的结果，不仅股东利益可能受到损失，公司的职工也可能遭受失业的危险，公司所在社区也有可能随着公司的搬迁而沦没。从公司治理的视角看，利益相关理论的核心观点是认为公司的"所有权"是共同拥有，股东只是利益相关方中的一员，公司应当尽可能多地照顾到利益相关方的利益。同股东一样，供应方、客户、债权人、职工以及社区都承担着公司的相应风险，故而应当分享公司的所有权。但是，各利益主体在"所有权"和"经营权"上并非平等的。基于上述原因，利益相关方理论将企业理解为利益相关方的合约，将公司的目标理解为公司价值的最大化，并且强调利益相关方参与推动信息沟通与加强监督制衡方面的作用（刘芳，2012）。

2. 非国家行为主体占据重要位置

在网络空间治理体系中,"多利益相关方"的关键取决于责任和义务的"分散化"倾向如何发展,特别是政府在其中将扮演何种角色(邹军,2015)。作为全球网络治理体系中的重要组成部分,"私人部门"的作用日益突出。特别是在西方,大多数互联网基础设施都由私人公司拥有和运行,如各大网络运营商和服务提供商。在互联网治理中,私人部门是能够灵活地满足互联网及其用户需要的部门,也能最大限度地反映公共利益,行使着相当大的权力。然而,在全球互联网治理中,基于形成决策的现实需要,并非所有私人部门都能被纳入治理机构。企业界及其相关机构并没有设计出合理而完备的程序,以用来推选某些公司和组织作为全球范围内的合法代表,因而如何让非国家行为主体反映其背后的群体利益就成为一个非常重要的问题。

民族国家自产生以来就是国际政治的基本单位,承担着对外行使主权的职能,其在相当长的历史时期内,在国际事务中发挥着主导作用。20世纪90年代,随着信息革命的发展和全球化浪潮的推进,越来越多的国际角色在国际社会中出现,政府间组织、非政府组织、跨国公司、特殊利益集团等在国际事务中与国家一起分享着权力。在互联网时代,国家在国际政治中的主体地位进一步弱化,"有一些力量试图把政治权力从民族国家向下转移到次国家的区域和集团中去,另外又有一些力量试图把权力从国家向上转移到跨国性的机构和组织中去"(阿尔文·托勒夫,1984)。互联网信息传递的低成本为这些非国家组织提供了便捷而有效的全球联络工具,大大提高了它们的活动能力,拓展了其发挥作用的空间。通过网络联系,各种组织可以不必建立有形的或正式的机构,便可以进行各种活动。

当前和今后的一段时期内,全球网络空间治理仍将处于"多利益相关方"治理状态下。"多利益相关方"模式强化而不是改变了现有的权力关系。特别是这一模式给推动建立这一模式的美国政府及与美国利益结盟的主体以特权,其背后目的是利用其在经济、政治、文化和技术上的实力来替代网络空间所享有的自由、开放、平等与共享,维持其"网络霸权"。因此,全球互联网治理模式的重构将在很大程度上延续既有的权力格局。随着世界各国对"网络主权"和"网络人权"认识的进一步深化,如何在现有模式下突破创新,充分利用现有规则建立代表中国和广大发展中国家利益的理论体系,获得全球网络空间治理的话语权,就成为当前唯一可行的手段。

三 全球网络空间治理的理论反思

全球网络空间治理体系的形成与发展是一个漫长的过程。问题已经不是如何治理,而是治理什么和如何治理。一般认为,全球网络空间治理的主体是多元化的,政府(国家)、网络新媒体、意见领袖、社会组织和普通网民的直接相加并不会增强网络空间的治理效果。网络关系的建立是网络空间多主体协同治理的基础,它承认了政府、网络媒体、意见领袖、社会组织和普通网民等力量在网络空间治理中的合理性,强调了网络空间共同治理的可能性。网络关系通过共同目标、合作意愿和参与规则将各主体紧密联系在一起,并根据主体的特征和优势,使得各主体在网络空间治理中扮演适当的角色,互为支持、互为牵制、互为导向,最终形成相互依赖关系。

(一)倡导人权、主权与治权并重的网络治理新思路

在全球网络空间治理中,互联网已不仅仅是几个国家的互联网,它是一个利益共同体,网络空间治理机制也不仅限于以治理结构为基础的内部治理,而是利益相关者通过一系列的内部、外部机制来实施共同治理。网络空间多主体共同参与治理的目的是实现"共赢",而对这一共同体公共利益的认同和追求是各主体参与的前提。参与方式自由、参与过程公平、参与秩序稳定是实现网络空间治理的目标,而其实现需要依靠各主体的自身努力和相互协作。以中国为代表的广大发展中国家

及其利益代表必须掌握自己的话语权,不能任由所谓的"网络自由主义""网络保守主义"等成为借口,继续被西方国家所利用。但是,西方以美国为首的国家集团及其代理人仍将是全球网络空间治理的主导者,其所提出的"多利益相关方"治理模式也将长期存在。只有充分利用现有规则,建立适当的理论体系,提出更多代表广大发展中国家利益的主张,才能够形成有利于全球网络治理良性发展的大环境。倡导网络空间的人权、主权与治权并重的网络治理新思路,正是基础性的理论构建过程。

随着对"网络主权"认识的不断深化,与之相关的数据主权、信息主权等概念层出不穷,也日益获得了社会的认可。未来除了进一步厘清国家主权理论的历史脉络,还要充分考虑网络空间自身的特征,形成基于虚拟世界的网络主权理论,并对国家与政府在其中的角色进行界定。从人权的角度来看,在互联网时代下,人的发展也需要一定的权利和义务。这就要考虑不同国家与地区之间经济社会发展的不同之处,建立网络空间的"底线"规则,并通过国际公约的形式确定下来,让全人类能够共同享有平等参与、平等发展的机会。网络空间的治权是网络主权的具体体现,也是网络人权得以实现的基本前提。网络空间的治理目标是通过政府、网络媒体、意见领袖、社会组织和普通网民的积极参与和共同治理,发挥各主体在信息资源配置、舆论引导、秩序维护上的比较优势,有效解决目前网络空间存在的信息生态失衡、舆论危机、突发事件、秩序混乱等问题,共同营造网络空间自由、平等、公正的环境,进而建立持续稳定、健康发展的网络空间(周毅、吉顺权,2016)。

网络空间的崛起,为全球经济社会的发展提供了机遇,也设置了巨大的障碍。如何处理好秩序与效益的关系,如何处理好公平与发展的关系,将是全球网络空间治理的核心问题,也是网络治理新思维的关键问题,迫切需要从理论和实践角度给予回答。这意味着网络空间作为现实社会的延伸空间,作为人类社会生存和活动环境的重要组成部分,现实社会的价值观在此并不截然断裂,而是被有效地延续。开放共享、民主平等、公正法治这些在现实社会法律中的价值追求，同样成为网络空间法律价值的基本含义。这也是网络空间中人权、主权与治权"三权并重"的目的之所在。

（二）强化网络空间治理相关社会组织与机构的建设

行业组织与管理机构是互联网治理主体的重要组成部分，是互联网行业根据自身需要组建而成的代表行业利益、协调行业关系和维护行业声誉的组织。相对于互联网技术的日新月异而言，政府的各类规制设计与政策制定相对滞后，因而行业组织与管理机构的协调和管理作用就显得尤为重要。这些机构是基于共同目标或兴趣而聚集在一起的网络群体，在网络中的行为均具有一定的目的性。这一类组织往往是以非营利性的第三方社会组织来呈现的，并通过技术研究、咨询服务、政策游说等方式影响政府的网络空间治理政策。随着与政府机构合作的日趋深入，政府也有意识地希望通过课题资助、政策研究等方式，使得这些组织成为其体现其诉求的代理人（agent），进而两者形成了互助共赢的关系格局。

由于互联网技术起源于美国，所以互联网管理的机构大多数都形成于美国。美国政府对网络空间的重视和投资、民间智库以及企业之间的互动是其参与网络空间治理的重要特征，如兰德公司这种美国战略型智库在网络空间等方面长期累积的成果对美国在网络空间战略方面的软实力增强发挥了重要作用。负责全球域名和 IP 资源分配的国际组织 ICANN，长期以来实质上是置于美国商务部国家电信工业管理局（NTIA）管理之下的，负责协调对全球域名系统的技术管理。以中国为代表的广大发展中国家在这一方面的力量是相对薄弱的。中国的相关社会组织与机构由于人才和资源的问题，往往难以发挥其作为非营利性组织的平台作用，提出的解决方案缺乏国际视野和实践经验，导致难以在现有的治理平台发挥其应有的功能。

要强化网络空间治理相关社会组织与机构的建设，首先要加强本国内部各类第三方组织的培育工作，积极总结中国开展网络空间治理的经验，形成中国方案与中国理论；其次要加强国家间相关组织的交流，积极宣传适合大多数国家的网络空间治理理念，获得更多国家、机构和大众的认可与支持，有效地破除垄断；最后要强调网络人权中的"底线公平"，让更多的民间非营利性组织走在第一线，积极参加全球网络空间治理的规则制定。虽然互联网的应用已经布满了世界的各个角落，但迄今为止还没有一个全球性的、国际公认的组织机构能够完全地垄断互联网规则的制定，这也正是广大发展中国家的机会所在。

（三）加强和完善企业参与全球网络治理的规划协调

企业在网络治理中占据着不可忽视的地位，更是推动网络治理的中坚力量，主要包括建设网络基础设施的电信运营企业、互联网接入服务提供商、互联网应用服务提供商、互联网内容提供商以及电子商务服务商等是主要的互联网相关企业。在一些研究中，把信息通信企业（自然包括电信运营企业）作为互联网行业的一个重要类型，参与对互联网的治理。另外，互联网企业在互联网治理中扮演着主体和客体双重角色。作为客体，他们受政府部门的管理和社会公众的监督。作为主体，他们对网络的治理主要有两种方式：一是通过技术手段进行控制，二是通过自律方式进行约束。超级网络跨国企业，如今是网络空间的主导力量，其中最有代表性的是美国网络企业巨头、欧洲网络企业巨头，现在也出现了一些中国网络企业巨头。这都为中国打造全球网络空间治理平台，参与治理规则的制定和监督执行提供了一定的基础。

不同类型的企业对网络治理的行为与影响也有不同。按照其产品或服务的类型大致分为三类，即技术导向型、媒体（社交）导向型和应用导向型。技术导向型企业是在高新技术领域内生产附加值高的产品（服务），并通过不断进行工艺革新、技术研发或者知识创造来推动集群快速成长的企业，如 Intel 和 Microsoft 及其全球大量的通信运营商。这类企业以提供网络基础性的产品与服务为主。通信运营企业所建设的网络基础设施是互联网发展的依托，必然担负着疏导优化互联网流量、遏制有害信息传播的重任。媒体（社交）导向型企业主要是指以信息服务为中介的一类社交性媒体，如 Google、Facebook、腾讯等。这类企业是网络空间主要的信息来源和传播媒介，发挥着关键的信息枢纽作用，并拥有卓越的传播能力，影响舆论态势。应用导向型企业则以互联网为手段，在传统社会需求的基础上充分发挥网络优势提供专业服务，如亚马逊、阿里巴巴、Uber 和 Airbnb 等。这些新业态借助移动通信技术和风险投资的力量，在交通出行、空间使用、金融支付、餐饮服务、医疗健康、知识教育、任务服务甚至公共资源等领域全面开花。这类企业作为网络治理中的新兴力量，如何参与全球网络治理是一个需要严肃面对的问题，因为它们的参与对现有的法律和社会规范的冲击，让以传统商业过程为基础建立的政府行政管理流程面临前所未有的困境，也让全社会意识到解决诸如准入门槛高、服务规范难、个人征信缺失等问题的迫切性和复杂性，在一定程度上引起了新的社会问题。

基于形成决策的现实需要，并非所有企业都能被纳入全球网络治理机构，代表性问题就尤为突出。如果不能在全球范围内解决企业代表性问题，"多利益相关方"模式中的重要一极将难以维系。在现有的治理模式中，美国公司独大的现实仍然难以彻底被改变，但随着中国作为互联网用户第一大国的崛起，中国的互联网企业必然要参与其中。当务之急是如何加强企业、政府与社会组织之间的联系，制定出立足于中国需要的参与规则，建立协调机制。

（四）创新大众（网民）参与的自治组织与引导机制

随着互联网的迅猛发展，互联网用户规模也在不断增加，它们既是互联网的使用者，也是互联网的创造者，它们在互联网上制造话题、反馈信息、推动舆论、提供娱乐等，互联网用户在不同程度地支配着网络生活，改变着互联网的生态格局，而建立虚拟社会的社会规范和良好秩序是互联网治理的一个主要目标，因此互联网用户在治理主体上的主要职责在于自律，信守自律公约，通过切实的行为来建立和维护互联网秩序，促进互联网健康良性发展，"网民"作为治理主体是推动互联网深入发展的重要推动力。

大众参与网络空间治理的有效途径是组织化。一方面，每个个体只有通过形成一定规模的组织，才能够发出统一的声音，表达群体的共同诉求，倡导网络空间的公平与正义；另一方面，这种组织化过程也会与政府社会治理密切相关，通过建立合理的引导机制，保障网络空间安全与信息自由之间的协调。互联网用户作为治理主体的另外一个重要的职责在于积极参与到互联网治理中的各个环节中，充分运用自己的智慧为各种政策、规章制度和技术标准制定以及互联网出现的新问题的解决等贡献力量。

从学术研究角度看，网络空间及其治理领域的研究仍需要加强，要充分考虑现在和未来网络空间治理的状况和趋势，充分表现出中国在网络空间发展道路、治理模式和制度领域的"中国自信"。从20世纪90年代开始，中国互联网从无到有，随后进入高速发展时期，并一跃成为全球网络大国。在这一过程中，中国克服并有效解决了诸多挑战和问题，积累了许多有效的经验，对广大发展中国家都具有重要参考价值。因此，首先要做的就是总结经验，讲好中国故事，传播中国观点，形成全球网络空间治理的"中国经验"和"中国学派"。其次是要有重点地培养优秀学者参与到网络空间治理相关社会组织与机构建设中，用理论指导实践，用实践创新理论，通过加大与全球该领域学者的交流沟通，传播中国观点，争取全球共识。此外，要体现出学术研究的全球视野和责任感，从网络人权、主权和治权层面建立理论体系，搭建全球网络空间治理领域的研究平台，提出中国网络空间治理的"底线"规则并予以实现和推广。这些并不仅仅是学术界的工作，也是全社会的职责，更是作为全球命运共同体所应当体现的责任。

总之，网络空间治理面对的是一个"未知远远大于已知"的特殊空间，与陆海空天等自然空间不同，这是一个技术催生的虚实结合空间。正因此，网络空间的治理不是一个静态的过程，也不是依赖于某一个或一些平台和规则而运行的，其治理是一个动态过程，即治理体制和机制不断经受各类网络事件的挑战，不断变革，这也就是所谓的"动态治理"。所谓动态治理，指的是"政府能够持续调整它的公共政策和项目以及改变政策的制定和实施方式，以实现国家的长远利益"（梁文松、曾玉凤，2010）。在全球网络空间的治理实践中，动态治理需要各参与主体秉持开放理念与创新精神，动态、系统地革新网络空间公共政策的决策与执行过程，以回应社会公共需求，逐渐促进网络治理实现由善政向善治的嬗变（宋煜萍，2012）。

四 结束语

网络空间从诞生之日起，一直处于不断地演变过程中，出现了许多新概念和新特征，这也使得旧的治理方式难以适应，因此必须要用发展的思路来研究全球网络空间治理的问题。网络空间治理的理论繁多，从技术治理到多利益相关方治理模式，从基于网络主权的国家中心治理到社会组织主导的治理模式，都在一定阶段和范围发挥着作用。本文通过分析和借鉴全球网络空间治理论认为，全球网络空间治理的主流理论可被归结为基于网络人权的底线公平理论、以国家主权为基础的治理理论和以多利益相关方为代表的治理理论，可以简单地总结为网络空间治理的"人权"、"主权"和"治权"理论。在这种尝试性的分析框架下，本文对全球网络空间治理进行了反思，提出了要倡导"三权并重"的网络治理新思路，强化相关社会组织与机构建设，完善企业参与全球网络治理的规划与协调工作，创新大众参与的组织引导机制，并在学术研究领域积极总结中国经验，讲好中国观点，体现出中国参与全球网络空间治理的全球视野和责任感。

国际社会在网络空间治理上存在着大量的问题和挑战，而解决这一困境就需要集合全球各种文明的力量。中国如今在网络空间已开始表现出开放自信的心态和责任担当的意愿，提出了明确的网络强国目标，体现了参与全球网络空间治理的决心。习近平主席多次全面阐述中国的互联网治理理念，向世界传递了中国网络空间治理的思路及治理智慧。认识中国参与全球网络空间治理的基本态势，向世界清晰地传递中国的网络空间治理思路及治理智慧，为全球网络空间治理体系的建设提供适合的方案，并获得国际社会广泛的支持，是当前和未来一段时期内工作的主要目标。"中国自信"是实现这一目标的基础。增强国际话语权，传播好中国声音，必须坚定我们的话语自信。在网络空间治理上的自信是中国自信在中国话语体系上的重要表现，只有积极研究和倡导网络空间治理的新理念、新思路和新办法，充分发掘具有中国文化基因的治理理论，才能真正展现道路自信、理论自信与制度自信，主动参与全球治理，不断提升国际影响力和话语权。

参考文献

蔡文之，2007，《国外网络社会研究的新突破——观点评述及对中国的借鉴》，《社会科学》第 11 期。

蔡翠红，2003，《信息网络与国际政治》，上海：学林出版社。

蔡翠红，2013，《云时代数据主权概念及其运用前景》，《现代国际关系》第 12 期。

蔡翠红，2014，《网络空间治理中的责任担当》，《中国社会科学报》6 月 13 日，第 A05 版。

曹鹏，2008，《互联网对中国国家主权的冲击及其维护策略》，东北大学硕士学位论文。

曹三省、鲁丹，2016，《万物互联时代的"物联网新媒体"》，《新闻与写作》第 1 期。

崔保国，2015，《世界网络空间的格局与变局》，《新闻与宣传》第 9 期。

杜雁芸，2016，《大数据时代国家数据主权问题研究》，《国际观察》第 3 期。

董成雄、黄日涵，2016，《以对话合作推动全球网络治理》，《中国社会科学报》6月7日，第1版。

方兴东，2015，《网络空间趋势与研究创新》，《中国社会科学报》1月21日，第B01版。

郭丰，2012，《国际互联网治理架构研究》，北京邮电大学硕士学位论文。

黄少华、翟本瑞，2006，《网络社会学——学科定位与议题》，北京：中国社会科学出版社。

贺玉奇，2015，《中国外交战略新因素：数据主权》，外交学院硕士学位论文。

景天魁，2009，《底线公平：和谐社会的基础》，北京：北京师范大学出版社。

景天魁，2006，《社会保障：公平社会的基础》，《中国社会科学院研究生院学报》第6期。

景天魁，2007，《适度公平就是底线公平》，《中国党政干部论坛》第4期。

柯大文，2016，《高新技术重塑未来战争》，《光明日报》4月20日，第11版。

梁文松、曾玉凤，2010，《动态治理——新加坡政府的经验》，陈晔等译，北京：中信出版社。

刘芳，2012，《项目利益相关方的动态治理关系研究》，山东大学博士学位论文。

刘洪清，2015，《古代的"底线公平"》，《中国社会保障》第4期。

刘飞涛，2000，《全球化与民族国家主权关系辨析》，《世界经济与政治论坛》第5期。

彭世权，2010，《论职工的公司治理权》，西南政法大学博士学位论文。

彭兰，2012，《中国网络媒体的第一个十年》，北京：清华大学出版社。

钱志鸿、王义君，2012，《物联网技术与应用研究》，《电子学报》第5期。

全球治理委员会，1995，《我们的全球伙伴关系》，伦敦：牛津大学出版社。

宋煜，2017，《推动社会力量参与全球网络空间治理》，载《数据改变中国：首席数据官沙龙群志》，重庆：西南师范大学出版社。

宋煜、王正伟，2015，《"互联网+"与基层治理秩序再造》，《社会治理》第3期。

宋煜萍，2012，《动态治理在中国：何以可能与如何可为》，《学术研究》第12期。

沈国麟，2014，《大数据时代的数据主权和国家数据战略》，《南京社会科学》第6期。

沈逸，2015，《全球网络空间治理原则之争与中国的战略选择》，《外交评论》第2期。

孙伟、朱启超，2015，《关注网络主权时代内涵维护网络空间安全》，《中国社会科学报》12月29日，第5版。

陶文昭，2005，《网络无政府主义及其治理》，《探索》第1期。

王开峰、徐佐彦，2000，《信息革命与主权国家的命运》，《世界经济与政治》第5期。

王远，2014，《网络主权：一个不容回避的议题》，《人民日报》6月23日，第23版。

肖永平、郭明磊，2001，《因特网对国家主权的冲击及对策》，《法学杂志》第4期。

夏燕，2010，《网络空间的法理分析》，西南政法大学博士学位论文。

叶征，2014，《网络空间战略博弈的"七种武器"》，《求是》第19期。

赵旭东，1997，《新技术革命对国家主权的影响》，《欧洲》第6期。

邹军，2015，《全球互联网治理的新趋势及启示——解析"多利益攸关方"模式》，《现代传播》第11期。

周毅、吉顺权，2016，《网络空间多元主体协同治理模式构建研究》，《电子政务》第7期。

张全，2012，《网络空间秩序，谁主沉浮？》，《解放日报》12月3日，第4版。

张晓君，2015，《网络空间国际治理的困境与出路——基于全球混合场域治理机制之构建》，《法学评论》第4期。

张德明，2003，《基于多元利益主体的公司治理机制研究》，哈尔滨工程大学博士学位论文。

张清俐，2016，《为全球网络治理贡献"中国方案"》，《中国社会科学报》6月7日，第1版。

曾润喜、徐晓林，2010，《社会变迁中的互联网治理研究》，《政治学研究》第4期。

钟声，2016，《全球人权治理的中国贡献》，《人民日报》10月29日，第3版。

中国互联网络信息中心，2016，《第38次中国互联网发展状况报告》。

中华人民共和国国务院新闻办公室，2016，《国家人权行动计划（2016—2020年）》。

迈克尔·海姆，2000，《从界面到网络空间：虚拟实在的形而上学》，金吾伦、刘钢译，上海：上海科技教育出版社。

劳伦斯·莱斯格，2004，《代码》，北京：中信出版社。

丹·希勒，2001，《数字资本主义》，南昌：江西人民出版社。

弥尔顿·L. 穆勒，2015，《网络与国家：互联网治理的全球政治学》，周程等译，上海：上海交通大学出版社。

米海依尔·戴尔玛斯-马蒂，2010，《世界法的三个挑战》，罗结珍等译，北京：法律出版社。

曼纽尔·卡斯特，2007，《网络星河：对互联网、商业和社会的反思》，郑波、武炜译，北京：社会科学文献出版社。

阿尔文·托夫勒，1984，《第三次浪潮》，朱志炎译，北京：生活·读书·新知三联书店。

查尔斯·J. 福克斯、休·T. 米勒，2002，《后现代公共行政——话语指向》，北京：中国人民大学出版社。

博登海默，2004，《法理学：法律哲学与法律方法》，邓正来译，北京：中国政法大学出版社。

Miehael Benedikt. 1991. *Cyberspace*：*First Step*，Cambridge，MA：NIT Press.

A. R. Stone. 1991. *Will the Real Body Please Stand Up？Boundary Stories about Virtuai Cultures*，*Cyberspace*：*First Steps*，Cambridge，MA：MIT Press.

Lawrence Lessig. 2006. *Code Version 2.0*，New York：Member of the Perseus Books Group.

Kahin，Brian，and Charles Nesson. 1997. *Borders in Cyberspace*. Cambridge，Massachusetts and London：MIT Press.

Carl Shapiro. HalVarian. 1999. *Information Rules*：*A Strategic Guide to the Network Economy*，Harvard Business School Press.

John Brockman. 1996. *Digerati Encounters with the Cyber Elite*. Hard-Wired Books.

Towards Knowledge Societies. 2005. *UNESCO World Report*. UNESCO Publishing.

Bertranddela Chapelle. 2009. *Internet Governance: Infrastructure and Institutions*. Oxford: Oxford University Press.

ITU. 2016. *ICT Facts and Figures*. http://www.itu.int/en/ITU-D/Statistics/Pages/facts/default.aspx.

Theoretical Reflection on Global Governance in Cyberspace: A Tentative Analytical Framework

Yu Song[1]; *Yingqiang Zhang*[2]

(1. Institute of Sociology, Chinese Academy of Social Sciences;
2. China Center of International Economic Exchanges)

Abstract: Cyberspace is a new phenomenon that emerges in the context of information technology development and globalization. At the same time, it also faces a lot of problems and challenges, which need to integrate the development benefits of all civilizations to solve. From the perspective constructing a community of shared future with respect to cyberspace, this article tries to construct a theory for Global Cyberspace Governance, which is composed of cyberspace human-rights, cyberspace sovereignty and cyberspace governance-right. Based on the idea of multiple-shareholders governance, this article also puts forward theoretical reflections and practical policies which combine baseline-equality theory and cyberspace governance.

Keywords: Global Cyberspace Governance; Baseline Equality; Cyberspace Human Rights; Cyberspace Sovereignty; Cyberspace Governance Right

非正式的组织变迁：微信群中的中国地方政府及其组织过程*

黄佳圳**

【摘要】 本文以公务员日常工作中微信的使用为例，通过非正式组织理论视角探讨社交媒体对政府内部组织过程的影响。对 Z 市政府公务员微信数据的实证分析显示：微信群成为公务员构建非正式组织的普遍方式，体现为以部门科室为依据的"机构群"和以任务完成为依据的"项目群"两种模式；"机构群"提供了组织成员的情感支持，提升了公务员的部门认同；"项目群"提升了政府正式组织过程的行动协同性，并成为组织激励控制的有效方式；微信群在政府成员间的自发运用，是组织微观层面的秩序构建过程，反映了社交媒体通过非正式组织的形式对科层组织正式结构和运作过程的影响和改造。

【关键词】 微信；非正式组织；科层制；政府组织

---

* 项目资助：广东省教育厅普通高校青年创新人才类项目"大数据技术运用与政府组织管理创新"（项目批准号：2016WQNCX195）

** 黄佳圳：1983 年生，广东潮州人，电子科技大学中山学院人文社会科学学院讲师，中山大学政治与公共事务管理学院管理学博士，主要研究领域：公共组织人力资源管理、公共组织时间与注意力分配。

一 研究背景与研究问题

(一) 研究背景：微信现象与社交媒体研究

腾讯公司 2011 年开发的即时通信服务应用程序"微信"（WeChat）已经成为当前中国十分普及的信息沟通手段。企鹅智酷 2016 版《微信数据化报告》①显示：截至 2015 年 12 月，微信月度活跃用户达到 6.97 亿个；超过 90% 的微信用户每天都会使用微信；多于 50% 的用户每天使用微信超过 1 小时；61.4% 的用户每次打开微信必刷"朋友圈"。基于即时通信技术平台，微信实现了个体用户之间、多用户之间、用户与服务供应商之间的文本信息、图片、音视频、地理信息、身份授权等信息的多维即时交互，极大地提升了社会生活的便捷性。

腾讯微信、新浪微博以及境外的 Facebook 和 Twitter 等社交媒体的兴起和广泛普及使用，是大数据时代的一个重要标志。它们已然深入社会生活的各个领域，成为社会过程的重要方面。而作为社会管理的重要行动者，政府组织势必对社交媒体的发展和应用做出积极回应。目前，已有丰富的研究关注政府组织与社交媒体的关系，可归纳为以下三个方面。

一是关注技术采纳与政府效能提升。在这类研究中，社交媒体被政府组织视为一种新兴而富有前景的政府治理工具，探讨其在政府公共服务方面的运用可能性以及运作战略、推进步骤。这类研究关注政府通过技术采纳和嫁接，运用社交媒体进一步提升公共服务的公开性、协作性、准确性和公众参与度的努力（Lee & Kwak, 2012; Mergel & Bretschneider, 2013; Zavattaro & Sementelli, 2014）。

二是关注政府公共管理领域的新拓展。这类研究认为：社交媒体的

---

① 网页链接：http://tech.qq.com/a/20160321/007049.htm#p=1。企鹅智酷是腾讯科技旗下互联网产业趋势研究、案例与数据分析专业机构。该统计数据为全球的微信用户数而非中国。

兴起及其广泛应用，成了政府治理的新对象、新内容，对政府公共管理的内涵和外延提出了新的挑战。一方面，政府组织必须有新的管理体制与措施，去应对、规范社交媒体的发展和运用，并同时保障和培育社交媒体平台技术的健康发展（Bertot et al.，2012）。另一方面，社交媒体所产生的大量交互数据，正成为政府管理的新素材和决策支持的新证据。随着可视化和数据深度挖掘等大数据技术的成熟，政府可以改变传统的数据收集和处理模式，拓宽治理视野，特别是在舆情监控、日常公共服务监测、重大灾难和群体性事件预警方面实现与时俱进（Kavanaugh et al.，2013；Panagiotopoulos et al.，2014）。

三是关注政府与公民关系的新塑造。这类研究认为，政府通过社交媒体的运用，可以重新构建政府与公众间的关系。如政府可以通过社交媒体培育、提升公民信任度，构建透明政府、清廉政府（Bertot et al.，2010；Bonsón et al.，2012；Zhu，2013）；同时直接通过社交媒体这一渠道推动公民参与，实现点对面的告知、宣传、动员以及点对点的精准沟通（Bonsón et al.，2014；Kim et al.，2013；Mossberger et al.，2013）。在我国，近年来也有大量关于"政务双微"的研究。这些文献探讨了在中国情境下，以腾讯微信和新浪微博为代表的社交媒体在政府公共信息沟通与互动（赵国洪、尹嘉欣，2012）、网络问政（张钟文等，2015）、政府公共关系管理（陈然，2015）、公共服务体系建设（胡思雨、樊传果，2015）、不同政府社交媒体渠道间相互关系（石婧等，2016）等方面的积极作用和进一步发展运用的可能性。

回顾以上研究，我们不难发现在政府组织和社交媒体的关系探讨上，现有的研究都将政府组织视为独立自主的行动整体，将社交媒体视为一种新工具、新渠道、新平台、社会行动者联结的新模式，探讨政府组织如何应对、采纳、运用、管理这种新工具，并因势利导，使之能够为其所用，服务于政府的组织使命和具体的公共管理、公共服务战略目标。可以说，现有研究强调了社交媒体技术对政府组织整体效能的积极作用（公共服务、公众沟通和关系塑造等方面）和创新挑战（管制规范、数据处理等方面）；然而，有一个重要的现实却没有得到学术界的充分重视——社交媒体工具对政府组织内部的管理运作过程是否产生了影响。任何组织都是由微观的个体组织成员构成的，组织层面的整体效能有赖于组织成员个体在组织结构与行动规则引导下的行动关联，任何组织行动都起始于微观层面的个体行为。而社交媒体技术本身就是基于个体终端的工具设计，是连接个体用户的技术平台，政府组织成员个体便是使用者，社交媒体的使用必然首先成为政府组织成员间的一种新的连接模式。因此，在现有研究成果的基础上，本研究认为还应该进一步关注微观层面政府组织成员的社交媒体运用是否对政府组织内部运作机制产生了影响。

以微信的使用为例，笔者于 2016 年 6 月在 Z 市进行实地调研期间，发现微信在 Z 市政府公务员日常工作中有着较高的使用频率。微信成为部分公务员办公的一种常态和习惯。不同于政府组织层面的政务微信公众号、微博的使用，微信在政府内部日常工作中的使用是社交媒体技术对政府组织的另一种作用模式。微信公众号是政府组织有目的、有计划的对外职能，而公务员间的微信使用，则是自发的、组织层面无意识的个体行动共识。

（二）研究问题的提出

我国政府组织的内部正式架构遵循经典的科层制设计，以纵向的层级与横向的业务职能划分为主要体系特征。这种层级与条块的综合结构是政府组织运作的基础框架，也是权威、资源、信息、人员流动的正式渠道。政府内部已经存在正式的办公系统和 OA 办公沟通渠道，作为第三方独立开发的社交媒体，微信并非政府正式沟通系统的构成要件，而是非正式沟通的一种方式。那么它为何会成为公务员日常工作的一种常态手段？

1. 作为组织理想化模型的科层制

现代组织的理性设计发源于马克斯·韦伯提出的科层制（官僚制，

bureaucracy）理想类型（ideal type）。他认为科层制是最有效的组织形式，是实现人类理性的理想模式："纯粹的官僚体制的行政管理，即官僚体制集权主义的、采用档案制度的行政管理，精确、稳定、有纪律、严肃紧张和可靠。也就是说，对于统治者和有关的人员来说，言而有信，劳动效益强度大和范围广，形式上可以适用于一切任务，纯粹从技术上看可以达到最高的完善程度，在所有这些意义上是实施统治形式上最合理的形式。"（马克斯·韦伯，2004：82）而政府组织则被认为是科层制组织正式结构的典范："政府所有组成部分都是为特定目的而存在的，且都会给组织整体以积极的甚至是最佳的作用；所有资源都是恰当有用的，且这些资源的配置都满足组织计划；组织的所有行动都是合理的，组织的结果也是可预测的。"（竹立家，1997：128）组织过程以"目标－效率"为导向、组织结果以"成本－收益"为衡量，是科层制正式组织的两大典型特征。

2. 组织的正式化程度与非正式组织

然而，基于科层制的正式组织，在实践过程中并未能达到其理想状态。梅奥在霍桑实验中发现的人际关系效应和组织成员自发形成的群体动力开创了非正式组织的研究先河（Pitcher，2004）。在理性构建的科层体制之中，梅奥发现正式组织无法满足个体社交需求和隐藏于其中的非正式组织规范。巴纳德则观察到了个体与组织间的激励不兼容情况，认为科层制对成员的管理控制并非完美——由于主观偏好的存在和个体利益诉求的千差万别，组织成员对正式组织的贡献意愿强度存在极大的差异："从强烈的贡献意愿逐渐下降到没有贡献意愿，再下降到强烈的不愿意甚至抵触反馈。"（巴纳德，1997：71）西蒙则提出了有限理性的概念，他认为人类的智能结构与认知水平存在一定程度的不完善——在行动方案的选择上、在行动后果的预估上、在资源配置和组织设计上都存在着种种的缺陷——因为人类总是只能关注所有情况中的部分情况而忽略另外一部分，收集所有数据中的一部分而遗漏另一部分，考虑所有目标中的一部分而放弃另外一部分；这是人类有限注意力的集中体现，因为我们不可能做到全知全能，所以注意力是人类的一种稀缺资源。因此，西蒙认为正式组织从一定程度上而言，是弥补有限理性的有效机制，正式组织通过分工合作、统一指挥，专注组织成员有限的注意力和理性；但从另一个角度而言，多层级、多部门、多流程带来的复杂协调同步问题，又成为人类有限注意力和理性的挑战，从而导致了正式组织的治理困境。

因此，以科层制为理想类型的正式组织，在现实过程中受到三方面挑战：第一，组织个体缺乏必要的情感支持；第二，正式组织无法为组织成员提供必要的激励与组织控制；第三，由于有限理性的存在，正式组织层级与职能分工带来的协调成本难以克服。因此，正式组织的实践形式总是接近于理想模型而无法达到科层制的理想状态（见图1）。

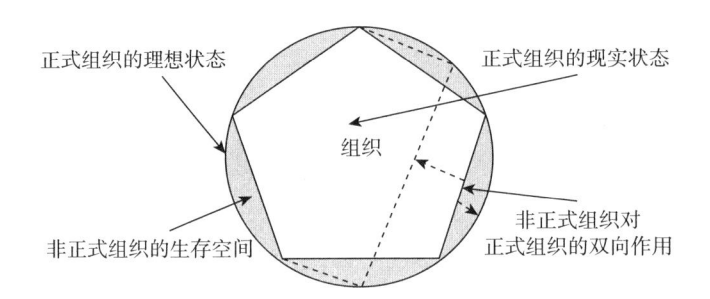

图1 组织的正式化程度与非正式组织

作为理想状态的科层体制正式组织设定，由于上述三种挑战的存在，总是存在着一定的现实差距，而这些差距的大小一方面决定了组织正式化的水平与程度（与外圆的接近程度），另一方面则为非正式组织的出现提供了空间（阴影部分）。如梅奥发现的工人群体，非正式组织的出现通常也是为了弥补正式组织的不足与缺陷。需要说明的是，这种弥补机制是双向的，它既可以成为正式组织的有效补充，提升整体组织效能，实现理想模型的最优结果，也可以进一步破坏现有的正式组织体系，成为组织成员争夺个体利益的手段，导致更为严重的正式组织治理缺陷，如政府组织中的派系斗争和腐败集团等。本质上，非正式组织填补的是正式组织的秩序空缺，它是微观组织成员在组织过程中自发构建或逐步探索认同的一种互动模式,进而呈现出来的一种稳定的正式组织替代秩序。

3. 作为非正式组织的微信和微信群

政府日常工作过程中的微信使用,是一种政府组织成员的自组织行为。首先,微信软件来自独立的第三方公司的自主开发,是基于移动终端的即时通信服务软件,并非专门为政府运作设计的办公软件。其次,不同于其他政府招标、采购项目,政府组织并没有通过正式渠道,将微信作为明确的技术服务手段而成为组织内部沟通软件。最后,微信的使用是基于某种成员的共识,是一种自发自觉的秩序重构行为;它内生于科层治理结构之内,体现了非正式组织沟通渠道对科层组织正式沟通机制的补充和替代。

微信既是一种沟通工具,也是一种人员的组织形式,它联系着来自政府体系的公务员。而政府正式组织成员身份的明确性使得政府成员的微信沟通具备清晰明确的结构关系——互动规则和角色规范。这一方面确保了成员互动模式的稳定性,另一方面确保了成员间"信任"的产生。微信既可以实现用户间的点对点沟通,也可以实现多个用户间的实时交互,因此,微信成为政府科层组织内部非正式组织形成的便捷而直观的形式——通过微信联系人建立微信群具有以下优势。

在构建成本上,微信群的建立仅是一连串按键操作,接近于零成本。微信群的成员构成在理论上可以是任意用户的集合,只要与群中任意用户存在关系链接,通过入群便可以与所有群成员发生关系链接,具有极高的组织开放性和结构兼容性。而且任意群成员的加入与退出并不影响其他成员间的链接关系,从而保证了微信群结构的灵活性、稳定性。在沟通效率上,微信群为每一个群成员提供了全通道(full connected network)的互动结构。每一个群成员都可以对其他任意数量的群成员发起联系互动,具有半径最小、路径最短、通道最多、节点分布最多且均等、聚集系数最高且均等、小世界性等高效复杂网络的特征(Strogatz, 2001; Watts & Strogatz, 1998)。基于这种结构特质,微信群在成员可达性上表现出超越科层组织层级节制的优越性，有利于跨越组织壁垒和层级障碍。在传播效率上，微信群支持文本、图片、地理信息位置、网页链接、音频、视频在群成员间的实时共享，既具备及时性又可长时保存，确保了信息的完整性和明确性，对比传统电子公文系统，有着信息运载与传播时效性上的优势。与政府正式组织的科层结构相比，微信群拥有更开放、灵活、稳健的组织结构，更低的维持成本，更高的信息传播效率，更丰富多样的信息交互模式。

基于以上分析，本研究将对微信在我国地方政府日常工作中的使用情况进行探索式的研究，主要关注以下三个问题：第一，微信为何会被运用到政府的日常工作中；第二，公务员使用微信办公的主要模式和特征是什么；第三，微信对政府及其公务员的日常工作产生了什么影响（是否为政府组织成员提供了必要的情感支持，是否有助于实现激励与组织控制，是否降低了组织行动的协调成本）。本文试图通过研究，探索社交媒体的应用对政府内部组织过程及其治理机制的作用和影响，对现有的研究做出补充。

二 研究方法

为获得公务员微信使用的实证数据，本研究于 2016 年 6 月，对 Z 市政府系统的公务员进行了问卷调查、深度访谈和微信群聊天记录数据分析；三种方式同时进行，相互验证。Z 市的行政建制为某省的地级市，Z 市人民政府共设 36 个独立政府职能部门（不包含中共 Z 市委及其办公室），本研究的样本及数据均来自以上政府职能部门及其公务员。

问卷调查的主要目的是了解微信在公务员日常工作和政府组织内部日常运行中的基本使用情况，包括工作中微信使用的普及情况和使用方式的调查，以及公务员微信使用的主观体验和有效性评价。问卷调查对象的选取采用滚雪球抽样调查：初始对象选择通过 Z 市政府公务员名册随机选择10个职能部门,在选中的职能部门中随机选择1名公务员进行问卷调查。问卷通过网络平台问卷星(http://www.sojump.com/)设计和发布,要求该10名公务员通过电脑或手机等移动客户端填写问卷并转发给本职能部门的同事和其他职能部门的同事(数量不限),还通过其同事继续按此规则转发扩散(转发方式自愿选择,可以通过微信、QQ、电子邮件等各种途径)。问卷于2016年6月20日开放,直至连续48小时没有新增问卷填写记录为止,于6月27日结束。本研究共收集问卷185份,有效问卷172份(根据问卷后台记录,删除填写时间少于5分钟的问卷5份,填写设备IP相同问卷2份,答题不完整问卷6份),覆盖Z市36个政府职能部门中的21个;男性92名,女性80名;年龄集中于40岁以下:22~30岁共49人,31~40岁共123人;行政职务(级别)分布:科员37人,副主任科员61人,主任科员24人,副科长12人,科长25人,副处长6人,处长7人。

深度访谈的主要目的是对各行政层级公务员的微信使用情况的整体看法、个人使用习惯和有效性评价等数据进行收集,样本包括处长2名、科长2名和科员3名。访谈对象的选择为判断抽样,选择目标单位中日常工作微信使用频率较高的公务员进行访谈,以公务员微信主观使用体会为切入点,了解微信在其日常工作中的使用方式、对工作的积极和消极影响,以及微信与已有其他沟通联系方式的效能比较评价。

微信群记录是本研究的核心数据。通过该数据的梳理分析,可以呈现微信群的成员构成与变动情况,成员发言的类型、内容和互动情况,发言的时间间隔与时点分布等数据;本研究运用第三方软件"同步助手"对微信群记录进行导出处理,后台数据样式如表1所示。

表1 微信群记录数据示例

ID	日期	时间	联系人	状态	类型	消息
略	2015/5/15	18:42:03	省略	接收	文本	具体内容略
略	2015/5/15	18:42:08	省略	接收	系统消息	具体内容略

续表

ID	日期	时间	联系人	状态	类型	消息
略	2015/5/15	21：22：48	省略	接收	文本	具体内容略
略	2015/5/15	21：23：12	省略	发送	动画表情	［动画表情］
略	2015/5/15	21：39：08	省略	接收	文本	具体内容略
略	2015/5/15	21：39：19	省略	接收	照片壁纸	［照片壁纸］

在 Z 市政府办公室秘书科的介绍协调下，本研究从问卷初始抽样的 10 个政府职能部门中，以不涉密、领导同意和自愿分享为原则共收集与 Z 市政府日常工作相关的微信群 46 个，放弃记录数据较少和时间较短的微信群 6 个，最终保留 40 个。为方便统一比较并排除特殊时间节点造成的微信信息数量干扰，本研究 40 个微信群数据的记录统计时间统一为 2016 年 3 月 1 日零点至 2016 年 7 月 7 日零点，除去周末、"五一"和端午节等节假日，实际统计天数为 90 天；群成员总数为 1296 人[①]；群信息总数为 199359 条。

三 研究发现

（一）微信和微信群的基本使用情况

根据问卷数据，本研究对 172 个样本对象工作日必定通过微信联系的联系人、必然发生信息交流的微信群和实际拥有的与工作相关的微信群数量进行了统计分析（见图 2）。其中，科员包括科员、副主任科员和主任科员，科级领导包括副科长、科长，处级领导包括副处长、处长。

由图 2 可见，微信和微信群已成为公务员日常工作中必然使用的通信工具。科级领导在三个数据上都高于其他两类公务员，体现了上传下达的体系位置特征带来的更多的沟通需求。三类公务员都面临点对点

---

① 因同一用户可以存在多个微信群中，因此并非实际用户人数。

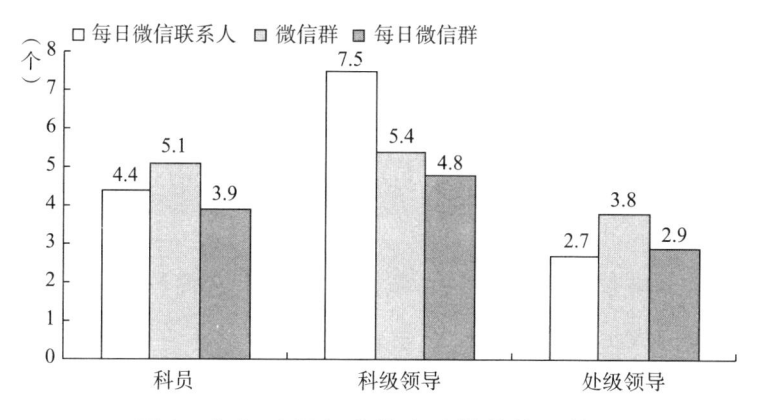

图 2　各行政层级人员人均微信使用情况

的联系人沟通和点对多的群沟通，处级领导的联系人沟通少于其群沟通，体现了高层管理者把控整体的工作特征。与工作有关的微信群数量略高于每日必然发生联系的微信群数量，说明微信群的使用频率不均，存在用户的注意力分配差异，某些群更经常被使用而其他则可能相对被冷落。

> 我觉得不存在公务员能不能用微信办公的问题，这是阻止不了的，关键是怎么用的问题。在我的理解中，微信和蒸汽机、互联网、电是一个道理，它带来的影响是非常基础性的，你只要生活在这个时代，必然会受到它的影响，会用。现在只要有手机，哪个人没有微信？当然，它对我们的工作是有影响的，就像政府也要上网也要用电是一个道理嘛！（20160624_市府办_科长①）

> 十年前，你如果上班时间在弄QQ，那被领导看到肯定是不好的，你工作开小差嘛！我们OA就有类似QQ的办公软件，你不用那个软件，而用QQ，多半是在做自己的事。现在不一样了，你就是很认真地拿着个手机在回微信，领导都觉得正常，因为搞不好他

---

① 表示访谈时间为2016年6月24日，访谈对象来自Z市政府办公室，行政级别为科长。下同。

也在发微信,这可能都是工作需要。时代不一样了,观念也不一样了,工作方式也会有所变动的。(20160625_司法局_科长)

根据40个微信群成员构成信息,本研究发现微信群在Z政府日常工作中的运用方式可归纳为两类:一是以政府正式组织架构为参照的单位、部门、科室等"机构复制微信群"(下文简称"机构群"),群成员来自机构成员;二是以任务完成为导向的"工作项目微信群"(下文简称"项目群"),群成员来自与特定政府工作任务有关的组织成员,跨越政府静态结构设置,以任务分工为依据,类似于矩阵式的项目导向人员组合;群成员可以是来自某一正式组织中的职能模块成员,也可以是跨组织、跨层级甚至跨系统的混合成员。

大家私底下都有微信群啊,家里人的,老同学的,自然大家会想到,那我们处、我们科室也建一个吧,这是顺其自然,也是合情合理的。我们现在有一些学习材料、宣传内容也会往群里面发一发,因为大家每天都用微信,又是自己单位的群,肯定多少会留意的。而且,还有一个情况也比较普遍,就是讨论、协调事情,或者作为主办单位,要和承办、协办单位联系,也会用微信拉个群。我一般会让联络人建群,大家都在里面发言,比电话协调好,有文字记录,电话有时候人家也不方便接听。政府工作经常会涉及多个部门,虽然有分管市长牵头,有文件、会议纪要做依据,但是实际操作过程中有大量的协调工作,这不可能让领导替你协调的,因此,微信群在这方面就发挥作用了。(20160625_发改局_处长)

机构群的建立来自公务员对私人微信群的使用习惯和模仿,方便成员间交流是一个相对模糊但认同度较高的建群目标。而以工作完成为导向的项目群则有更明确的目标,为何需要建立微信群、微信群如何辅助工作等问题的答案将直接影响项目群成员的互动模式。机构群保留了科层组织的结构和层级特征，项目群则是多个不同科层组织成员的重组与整合。在 172 名受访者中，有 92.86% 表示所在单位建立了机构群，其中，单位成员比例在 90.00% 以上的占 87.71%。可见，机构群是比较普遍的存在类型，对正式组织成员的复制率极高。而项目群同样是比较普遍的做法，有 82.14% 的受访者表示参与过该类微信群，其中，参与频率极低的占 17.73%，参与频率较低的占 9.93%，参与频率一般的占 12.06%，参与频率较高的占 31.21%，参与频率极高的占 29.08%。

> （单位）群是肯定会加的，大家庭的感觉嘛，你可以不发言，但进群是必需的。领导都在里面，你不进去合适吗？有些领导喜欢在群里面发通知，你没在里面没看到也说不过去。虽然这不是强制性的，但是大家都加你不加，显得很不和谐，对吧？工作群当然是必须进去的，有时候我都是莫名其妙地被拉进一个工作群后，才接到通知说要开会布置那个事情的。这个不存在自不自愿，你不进群那是要撂摊子不干，是吧？（20160625_教育局_副主任科员）

（二）机构群和项目群的对比分析

1. 成员数量、发言频率与时间分布

如表 2 所示，在 40 个群样本数据中：机构群的成员数量远高于项目群，体现大而全的组织特征；从信息总数而言，项目群体现出短、平、快的特征，更少的成员数量有着更高的信息总量。

表 2 机构群与项目群基本数据

对比指标	机构群	项目群
微信群数量（个）	23	17
微信群成员总数（人）	994	302

续表

对比指标	机构群	项目群
群信息总数（条）	58098	141261
群平均人数（人）	43	17
群最高人数（人）	88	43
群最低人数（人）	17	5
最多群信息（条）	4777（52人）	15632（32人）
最少群信息（条）	1047（44人）	3552（19人）

在信息频率的时点分布上，两类微信群的对比如图3所示。机构群的信息活跃高峰集中于上班前、午休和下班后至午夜时点；而项目群则集中于上班时段，两者之间呈现较为明显的峰谷交替情况。前者与休闲时段更同步，而后者与工作时段更同步。此外，机构群的发言持续时段更长，达到14.8小时，而项目群更集中，为10.3小时。结合表2可知，项目群的信息总量更大，因此信息的发布间隔必然更短。具体而言，机构群的平均信息间隔为47.3分钟/条，而项目群为24.1分钟/条。

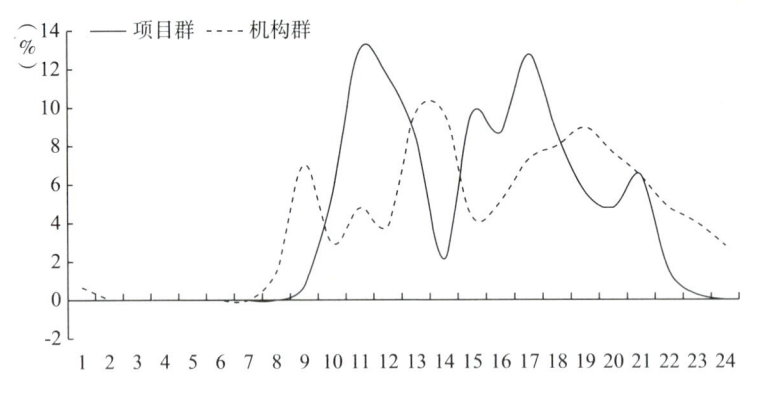

图3　信息发布频数的时点分布

2. 群体规范

在微信群的名称选择上，机构群的语言风格明显活泼生动，如"秘书一科最无敌""团市GOGOGO"等；项目群则明显严肃简洁，通常采用"某工作小组""某专项成员群""某丛书编撰小组"等模式。

在成员标签选择上，机构群通常以真实姓名作为群名片，项目群则多采用"单位+姓名"的格式。两类群的创建者（群主），均非实际最高领导者，机构群群主多为单位中年轻活跃的公务员，而项目群群主则统一由工作项目主办单位的规定联络人担任。

在发言频数上，机构群成员的积极程度明显不均，成员发言频数的离散系数最大的群达到1.69，最小的群为1.09，明显高于项目群（最大值为0.27，最小值为0.09）。这说明机构群中存在明显的"灌水者"和"潜水者"，群成员对群活跃度的贡献不均，而项目群成员贡献则相对均等。一方面，这说明机构群成员间并没有统一的贡献标准，而项目群成员则更具有贡献共识；另一方面，这说明由于存在明确的工作目标和角色分工，项目群存在更强的群体规范和群体动力，而机构群的群体氛围更加自由宽松。值得注意的是，项目群比机构群的成员异质性更高——隶属单位、工作目标、任务分工的不同都增加了不同项目群间和同一项目群内成员的异质性。然而项目群却产生了更为统一的行动规范，成员间对贡献标准的认识更加趋同。这说明行动者之间自发形成的工作默契是一种更加有效的群体行动规范，群体成员倾向于共同遵守以保持彼此间的行动合法性（Camerer et al., 1997; Crawford & Meng, 2011）——以工作完成为驱动的项目群比以机构复制为导向的机构群更容易形成关于劳动供给的群体规范和约束。

在机构群中，最高职位者的发言频数平均占比为3.28%[①]，高于人均值（2.33%）；在项目群中，项目第一责任人的发言频数平均占比为12.13%，高于人均值（5.88%）。领导者在两类群中的表现均超过平均贡献，项目群中领导的发言占比更高，凸显了领导者在工作中的重要地位，也说明其沟通协调的负担更重。

此外，本研究还考察了群人数规模和领导者发言数量这两个变量

---

① 最高职位者发言频数平均占比的计算方法是：计算每个机构群最高职位者发言数量占其所在群的百分比，再加总取总群数的算术平均值（项目群同此算法）。人均值的计算方法是：将机构群发言总数视为100%，除以表2所示的机构群平均人数（项目群同此算法）。

对微信群总发言数量的影响。依据首长负责制原则，政府机构负责人或某项政府工作的责任人均只有一位，与机构规模和工作规模无关。因此，本研究在考察领导者发言数量对微信群总发言数量的影响时，将群中最高职位者的数据分开统计。具体如表3所示。"JG_TextNum"表示某一机构群信息总数减去最高职位者发言总数的差，"JG_size"表示某一机构群人数减1，"JG_leader"表示某一机构群最高职位者的发言总数。"XM_"则为项目群的相应数据。

表3 成员规模和领导者发言数量对群信息总量的影响分析

· regress JG_TextNum JG_size JG_leader

Source	SS	df	MS		
Model	24734411.3	2	12367205.6	Number of obs	= 23
Residual	8084992.74	20	404249.637	F(2, 20)	= 30.59
Total	32819404	22	1491791.09	Prob > F	= 0.0000
				R-squared	= 0.7537
				Adj R-squared	= 0.7290
				Root MSE	= 635.81

JG_TextNum	Coef.	Std.Err.	t	P>|t|	[95% Conf.Interval]	
JG_size	-5.773433	8.099488	-0.71	0.484	-22.66867	11.1218
JG_leader	708.4985	92.33878	7.67	0.000	515.8832	901.1138
_cons	405.1231	508.0295	0.80	0.435	-654.6079	1464.854

· regress XM_TextNum XM_size XM_leader

Source	SS	df	MS		
Model	217536878	2	108768439	Number of obs	= 17
Residual	107642486	14	7688749.02	F(2, 14)	= 14.15
Total	325179364	16	20323710.3	Prob > F	= 0.0004
				R-squared	= 0.6690
				Adj R-squared	= 0.6217
				Root MSE	= 2772.9

XM_TextNum	Coef.	Std.Err.	t	P>|t|	[95% Conf.Interval]	
XM_size	-6.276318	79.17938	-0.08	0.938	-176.0992	163.5466
XM_leader	1326.241	275.1307	4.82	0.000	736.1445	1916.338
_cons	-7446.338	4129.814	-1.80	0.093	-16303.91	1411.233

资料来源：作者运用Stata12.0软件根据微信群相关数据统计得出。

由表3可知，两类群的情况基本相同：微信群成员规模对群信息总量并没有显著的影响，是"人多势众"还是"沉默的大多数"并不由成员数量决定。领导者发言数量则对群发言数量影响显著，"以身作则"效应明显——领导者在群中发言频数越高，该群其他成员发言也越活跃。而机构群领导者的表现更能解释群活跃程度的变化，"一呼百应"的局面比项目群明显。一种可能的解释是：在两类微信群中，领导者均起到激发成员发言和调动积极性的作用，而非挤压其他成员发言的"一言堂"局面。

3. 信息类型的占比分布

在群信息的内容分类上，两类微信群的分类占比如表4所示。

表4 信息分类占比情况

单位：%

类型	动画表情	网页链接	文本	系统消息	小视频	语音	照片壁纸	地理位置
机构群	8.23	4.29	70.25	1.79	6.05	0.22	9.17	0.00
项目群	0.98	1.23	85.36	0.03	0.02	7.11	4.04	1.23

可见，在两类微信群中，文本信息占绝对主导地位，是微信群信息互动的主要载体。机构群远高于项目群的信息类型主要有以下四类。第一，动画表情——说明语言风格更活泼；第二，网页链接——说明成员更倾向于分享，信息更开放、更多元；第三，照片壁纸——说明成员更倾向于分享（群记录显示，机构群的图片多为风景、趣图、旅游生活照片，而项目群的图片信息更多为临时报批的文件照片、项目宣传海报图片、工作现场照片等；两者内容有明显不同，前者代表群成员的分享意愿，后者则是出于工作需要）；第四，系统消息——主要是微信红包信息。相比机构群更多样化的信息类型分布，项目群的信息类型更加集中于文本信息、语音和照片壁纸三个类别，主要服务于工作信息的呈现、交流和共享。

(三) 微信群的非正式组织效能分析

综合上述数据可以看出，机构群和项目群在政府日常工作中存在明显的效能差异。

1. 机构群提供情感支持与组织认同

> 单位的群、处室的群更多的是一种情感交流和活跃气氛，我是这么定位的。当然我们这个（单位）也更加要求这样。我认为这样是队伍建设的一种新的方式，给大家一个分享交流的平台。我有时候读到一个好文章就会发到里面去，大家一起进步。当然，有些学习的、会议的、宣贯的通知，也会在群里面发。对于新进的同志来说，加群也可以更好地融入这个组织。之前我们对新同志要谈话、要深入了解，现在多了一个更好的途径：你加他微信，看看他的朋友圈，从朋友圈看为人，这不是更加细致深入吗？（20160625_共青团_处长）

问卷调查还显示出机构群的一个衍生效应：有88.95%（153名）的受访者表示，在加入机构群的前提下，参与者还会建立更小规模的机构内部小群。建立小群的原因如下（多选）：工作关系密切（53.57%），吐槽八卦（50.11%），共同爱好（42.86%），娱乐消遣（17.76%），资源对接（7.14%），资讯共享（4.57%），其他（3.17%）。如果说机构群是对正式科层组织的一种复制，那么内部小群则复制了内生于正式组织之中的非正式亚群体。从选择的原因排序来看，排在首位的是对正式科层组织功能的补充和关系再生产。综上，与图3相匹配，在功能定位上，机构群扮演着情感维系、信息分享和凝聚力营造的角色，为组织成员提供了更多元的接触渠道和互动场所，因此，其活跃时段通常是与上班时间相衔接的休息与上下班通勤时段。

机构群为来自正式科层组织的成员提供了认同和信任的平台。在政府日常组织过程之中，其更多扮演的是组织认同感构建和工作相关的情绪、观点分享的角色。通过微信群的言论、信息分享类型和朋友圈，组织成员可以更加全面地了解彼此。而内生于科层体制的成员身份增加了群成员间的信任感和对信息真实性的把握。此外，机构群提供了一种舞台隐喻——领导可以通过群"观看表演"获取更多了解下属的侧面信息；下属可以通过群"登台表演"去呈现和塑造更丰满的角色形象；新加入成员也可以通过"进群"这一过程去构建心理契约，并通过观察习得潜在的群体规范。在这个意义上，机构群提供了更加全面、灵活和深入的"成员-组织"认同渠道，更有利于塑造完整的组织身份，完成"外部分-内部人"的转换（Gioia et al.，2010）。同时，机构群还衍生出更加多样化的非正式群体，对科层体系产生了结构异化的影响（Pitcher，2004）——更容易产生意见领袖、熟人网络、恩惠网络等正式组织的补充和替代机制。

2. 项目群提升正式组织的行动协同程度

拉群是比较常见的，容易而且效率确实高很多。因为我们需要综合协调的事情很多，有时候会搭错线。微信群一是可以帮你分类，你有几个涉及工作的、需要协调的群，一目了然；二是群就是交流意见、信息、数据的地方，效率还特别高。我们前段时间编一本书，就拉了一个群，从定调、选题到搭框架，到最后的撰写分工都是在群里协调的，很多写作素材也都发在群里面了，这种便捷性和共享性确实是我们现在OA系统不能实现的。另外，层级越多其实越难管理下属。微信就可以实现——他可以随时直接@你，给你下达指示；而且"留痕"很重要，你说过的每一句话都有文字记录，到时候追责也很容易，所以领导觉得微信群特别好用。对我们而言也是同样的，市长们都很忙，有时候不知道人在哪里，知道在哪里也不能随便打扰，现在如果要批个急件，或者不涉密的文件，可以先拍个图片给领导，说明很急，领导批了我们再补办流程，这

个领导们也理解，挺好的。（20160624_市府办_科长）

我们市府办专门办会的秘书科涉及大量的会议协调工作：比如到会领导的时间安排，会议时间、地点的协调，还有最后敲定下来后的会议通知发布等。建（微信）群在这个时候就很好用，我们有一个群就是各市属单位办公室负责办会的秘书们组成的，有什么事情在里面沟通，方便很多。特别是各个单位领导的行程是最难协调的，之前一个一个单位打电话去问，效率很低，还容易出错，现在都在群里协调了。还有就是会议通知，你发到群里"@所有人"就可以了，大家就都知道有这个事情了，可以根据最后确定下来的时间、地点分别通知到位，不用再像以前发OA、发短信。（20160624_市府办_副主任科员）

项目群从以下两个方面降低了科层组织的协调成本。第一，降低组织行动的不确定性。如上文Z市市府办科长与副主任科员的访谈资料所示，参与者的多方沟通可以实现迅速、精准的组织决策。信息共享和意见交换让任务要求和行动方案变得具体清晰，从而降低了不确定性带来的行动误差和协调成本，在任务计划阶段达成了各方的行动共识。第二，任务执行过程中的实时监控与反馈。项目群为突发意外的汇报、紧急授权的要求、计划任务的变更等情况提供了组织快速应对的可能性，使"先斩后奏"变成"边斩边奏"，克服了科层流程的刚性和僵化，使组织更灵敏地适应多变的环境。通过项目群，微信提升了科层组织信息的共享幅度和传播速度，提高了信息的及时性和可达性程度；突破了正式科层组织固有的时空局限，提升了各方行动协同程度。与此同时，项目群也成为一种应急的非常规手段，暂时超越了科层组织的规则限制。

3. 项目群可以实现有效的组织控制与激励

微信群数据分析显示，项目群还成为上级授权、监督、协调和下属注意力再分配的有效机制（见表5）。

表 5　微信群中"@"的使用情况

单位：%，分钟

微信群中"@"的使用情况	机构群	项目群
所有群信息中含"@"信息的比例	8.45	25.51
所有群信息中含"@所有人"的比例	7.25	3.85
领导①所有发言中含"@"的比例	27.21	68.17
被领导"@"后的反馈间隔时间	4.93	2.54
被其他成员"@"后的反馈间隔时间	25.33	6.5

从表 5 的数据可以发现，在注意力的分配上，项目群的效率明显高于机构群。前者涉及更多的点对点的明确沟通要求，而后者更多的是广而告之的面上传播。两类群中，领导发言均比其他成员发言更容易收到反馈；但项目群的领导更经常通过"@"功能对成员进行管理，而且收到反馈的速度也远快于机构群的领导。表 5 的数据反映出项目群中的领导者希望通过微信群突破科层组织正式结构的时空限制，实现即时、直接、点对点的管理倾向。领导者可以通过项目群对工作进行实时把控，项目群为上级监控下级和调动下级注意力提供了有效的激励控制，并可以通过"@"功能实现"一插到底"的管理效果，提升各方行动的积极性。

> 对于工作方面的微信群，我是会设置震动或者铃声提醒的，因为现在确实很多信息会在上面发布。但我觉得还好，因为频率也不会很高，通过微信找你的一般是要资料、报数据的。这些资料或数据都有现成的，找一找就可以了，(微信)不能说特别打乱工作节奏。我们领导就喜欢在微信上找你，有时候他在群里面@你了，你没有马上回应，领导会着急的！有时候专项工作比较忙，我都幻听了，老觉得有人找我，时不时看看微信，怕漏了领导的指示。去外

---

① 在机构群中，领导指该机构的一把手；在项目群中，领导指该工作项目的第一责任人。

地扶贫的时候，我还买了两个充电宝呢！怕出去找不到充电的地方，领导算我渎职怎么办？（20160625_民政局_副主任科员）

（四）公务员的使用体验与效能感知

即时通信手段既是一种更有效率的沟通工具，但同时可能造成注意力的碎片化（Czerwinski et al., 2000）和组织成员的信息过载（Speier et al., 1999）。问卷数据显示，微信的使用对公务员有较为明显的注意力分配导向作用，使用微信和回应微信信息已经构成公务员日常工作的组成部分，并形成了一定的工作负荷。根据受访者的主观体验，表6、表7呈现了工作中微信使用对公务员造成的时间和注意力分配影响。

表6 公务员微信使用的时间与注意力分配

单位：%

注意力分配	占比	时间分配	占比
想看的时候才看	39.29	工作微信占用时间*	16.23
一有新消息就看	60.71	除微信外工作时间	83.77

*该数据是基于受访者的主观认知划分得出的，表示用于阅读和回复微信信息的时间以及因微信而引起的其他组织行动时间。

表7 公务员微信使用的工作打断情况

单位：%

查看微信的时间间隔	占比	工作被微信（群）所打断	占比
5分钟内	3.57	从未如此	21.43
5~15分钟	21.43	较少如此	32.14
30分钟	39.29	偶尔如此	28.57
60分钟	7.14	较常如此	7.14
60分钟以上	28.57	经常如此	10.71

根据问卷数据，表8呈现了公务员对工作中微信群的使用体验和效

能感知，从公务员的反映可以看出目前微信在政府日常工作中所产生的各种影响以及其作用的范围和边界。

表 8　微信群的人际效能感知

单位：%

微信（群）的作用	极不认同	较不认同	一般认同	较为认同	强烈认同
更全面地了解上级、同事、下属	0	10.29	20.71	50.71	18.29
通过沟通拉近同事间的距离	0	10.71	57.14	21.43	10.71
提升单位凝聚力、认同感	0	12.86	40.43	27.43	19.29
抒发个人观点、情感	10.71	17.86	46.43	14.29	10.71

从表 8、表 9 可以看出，大部分公务员认同微信对单位的人际距离和组织认同的积极改善作用，然而在个人观点和情感等私密信息表达上，认同程度偏低，这体现出工作微信的公共性。同样，大部分公务员认为微信对实际工作效率提升产生了积极作用，但对领导注意力竞争和超越工作常规两方面认同度较低，体现了科层常规治理框架下的保守乐观认同。

表 9　微信群的工作效能感知

单位：%

微信（群）的作用	从未如此	很少如此	偶尔如此	较常如此	经常如此
获得信息数据	0.00	10.71	15.86	44.86	28.57
讨论明确工作目标、方案、标准	7.14	16.43	28.57	35.71	12.15
更有效地指挥、监控、协调工作	4.14	19.64	24.43	30.36	21.43
更有效地与上级沟通	3.57	23.89	21.43	32.14	18.97
更有效地引起上级的关注	28.57	34.64	15.36	14.29	7.14
作为应急手段绕过常规工作流程	17.86	20.66	18.63	32.14	10.71

不是说微信可以替代现在的流程，这个度要把握好，我们不是流程再造，而是用了一个好用的工具，把原来的工作做得更好了，

这个肯定是没问题的。不能说微信是政府的另外一个运作模式或者状态。这个也有，现在已经有很多政务 App，为了市民办事方便，但这个上线要走好多申请和审批流程，这就和微信不一样了。微信我认为还是一种补强吧，它让原来的工作更好做，（微信）没到不可或缺的地步，但是像咸淡，成为习惯之后确实很难再改口味啊！（20160625_司法局_科长）

四　结论与讨论

本研究认为，在政府日常工作过程中，公务员对微信软件的使用是一种自发的秩序建构。以通过微信构建的机构群和项目群为例，本研究揭示了社交媒体对政府组织和内部过程的影响和变革，呈现了"个体成员采纳→非正式组织形成→正式组织过程变迁"这一变迁路径，并分析了微信群在政府正式组织体系中发挥的非正式组织效能。随着微信在政府日常工作中的普及使用，它已经成为公务员的一种非正式但高频使用的工作方式，对公务员的时间和注意力分配产生了影响，形成了一定的工作负荷。与此同时，微信作为一种新兴的社交媒体，通过微信群的形式发挥着情感支持、行动协同与激励控制等政府组织内部管理效能的辅助提升作用。此外，本研究还有以下三点研究启示。

第一，在大数据时代，当下大部分的相关研究聚焦于大数据科技对政府组织的积极作用。这类研究遵循正式组织的研究逻辑，关注"效率－目标"和"成本－收益"，即从政府内部效率提升（如信息基础建设、内部数据共享、公共数据标准和平台建设等）和外部效能提升（如政务"双微"、网络民主建设、公民参与及权利保障等）两方面着眼，强调政府组织有意识的、目的明确的技术采纳行为。本研究展现了来自政府组织微观成员层面的自发技术采纳行为，这是一种政府组织层面的无意识行为，它展示了大数据科技对政府组织自身的变革与塑造。科技是一把双刃剑，在关注其为政府所用的积极一面的同时，本研究呈现了其对政府组织潜移默化的影响。

第二，关注科技采纳行为的组织微观机制。当下大部分的相关研究聚焦于科技采纳的组织整体性匹配（王芳、陈锋，2015），如宏观区域和政府系统层面的智慧城市、智慧政府建设等（王克照，2014；于施洋等，2013），如中观职能机构层面的部门信息化、数据共享化、一站式、一门式等（Fan et al., 2013; Rocha & Sa, 2013），而忽略了技术的组织微观层面本土化运用问题。技术体系的宏观布局和中观引进，必然转化成为微观组织个体层面的行动变革，而这种变革将最终决定组织整体的效能表现。本研究提供了一个组织个体层面的微观研究角度，关注具体技术使用者的主观认知和使用体验，探索揭示了技术采纳行为的组织实操成本和日常实践逻辑，丰富了已有相关研究的层次。

第三，从效率逻辑到情感支持和行为塑造的合法性逻辑转化。微信在政府日常工作中的使用，既有信息沟通和行动协同的效率需求，也有情感支持和组织认同的诱因。正式组织与非正式组织的关系，在一定程度上就是工具理性与价值理性的关系；基于效率原因的技术采纳，不可避免地也会产生价值认同问题。组织的正式化程度与理想模型的差距，正是非正式组织生存与发展的空间，也是组织成员寻求和构建组织合法性的动因。

本研究的不足之处有如下几点。首先，微信的使用属于公务员个体行为，本研究虽仅涉及政府日常工作相关的微信记录，但出于微信使用的私密性考量和政府涉密纪律的遵从，本研究的可用样本数量有限，从而在一定程度上影响了抽样设计与研究结论的代表性。其次，由于研究样本的不足，无法进一步完成职能部门间和行政层级间的微信、微信群使用情况对比分析，从而在一定程度上影响了本研究的深入和精细程度。最后，由于时间、人力、预算有限和准入权限不足，本研究无法更长时间地跟踪各微信群的活动状态和生命周期，无法参与到项目群所涉及的实际政府工作中去，无法近距离考察具体任务情境中微信群所发挥的影响和作用，以及微信群与政府内部正式管理手段间的共存、竞争、替代或者交叠关系。后续研究可以在上述不足的基础上进一步深入、拓展和完善；更为重要的是，微信群海量丰富的文字文本信息有待后续研究运用语义分析、内容分析等技术，进一步深入挖掘。

参考文献

巴纳德，1997，《经理人员的职能》，北京：中国社会科学出版社。

陈然，2015，《"双微联动"模式下政务新媒体公众采纳的实证研究》，《电子政务》第 9 期。

胡思雨、樊传果，2015，《论政务"双微"在电子公共服务建设中的协同应用》，《电子政务》第 12 期。

马克斯·韦伯，2004，《韦伯作品集——支配社会学》，康乐、简惠美译，西宁：广西师范大学出版社。

石婧、周蓉、李婷，2016，《政务服务"双微联动"模式研究——基于上海市政务微博与政务微信的文本分析》，《电子政务》第 2 期。

王芳、陈锋，2015，《国家治理进程中的政府大数据开放利用研究》，《中国行政管理》第 11 期。

王克照，2014，《智慧政府之路：大数据、云计算、物联网架构应用》，北京：清华大学出版社。

翁定军，2004，《超越正式与非正式的界限——当代组织社会学对组织的理解》，《社会》第 2 期。

于施洋、杨道玲、王璟璇、张勇进、王建冬，2013，《基于大数据的智慧政府门户：从理念到实践》，《电子政务》第 5 期。

张钟文、张楠、孟庆国，2015，《面向网络问政的政府社交媒体运作机制创新研究——以政务微博为例》，《公共管理评论》第 3 期。

赵国洪、尹嘉欣，2012，《中国"政府微博"发展状况分析——基于广东省的实证研究》，《电子政务》第 6 期。

竹立家，1997，《国外组织理论精选》，北京：中共中央党校出版社。

Bertot, J. C., Jaeger, P. T., & Grimes, J. M. 2010. "Using ICTs to Create a Culture of Transparency: E-government and Social Media as Openness and Anti-corruption Tools for Societies," *Government Information Quarterly*, 27 (3): 264 – 271.

Bertot, J. C., Jaeger, P. T., & Hansen, D. 2012. "The Impact of Polices on Government Social Media Usage: Issues, Challenges, and Recommendations," *Government Information Quarterly*, 29 (1): 30 – 40.

Bonsón, E., Royo, S., & Ratkai, M. 2014. Citizens' Engagement on Local Governments' Facebook Sites, "An empirical Analysis: The Impact of Different Media and Content Types in Western Europe," *Government Information Quarterly*, 32 (1): 52 – 62.

Bonsón, E., Torres, L., Royo, S., & Flores, F. 2012. "Local E-government 2.0: Social Media and Corporate Transparency in Municipalities," *Government Information Quarterly*, 29 (2): 123 – 132.

Camerer, C., Babcock, L., Loewenstein, G., & Thaler, R. 1997. "Labor Supply of New York City Cabdrivers: One Day at a time," *The Quarterly Journal of Economics*, 407 – 441.

Crawford, V. P., & Meng, J. 2011. "New York City Cab Drivers' Labor Supply Revisited: Reference-dependent Preferences with Rational Expectations Targets for Hours and Income," *The American economic review*, 101 (5): 1912 – 1932.

Czerwinski, M., Cutrell, E., & Horvitz, E. 2000. *Instant Messaging and Interruption: Influence of Task Type on Performance*. Paper Presented at the OZCHI 2000 Conference Proceedings.

Fan, J., Zhang, P., & Yen, D. C. 2013. "G2G Information Sharing Among Government Agencies," *Information & Management*, 51 (1): 120 – 128.

Gioia, D. A., Price, K. N., Hamilton, A. L., & Thomas, J. B. 2010. "Forging an Identity: An Insider-outsider Study of Processes Involved in the Formation of Organizational Identity," *Administrative Science Quarterly*, 55 (1): 1 – 46.

Kavanaugh, A. L., Fox, E. A., Sheetz, S. D., Yang, S., Li, L. T., Shoemaker, D. J., Xie, L. 2013. "Social Media use by Government: From the Routine to the

Critical," *Government Information Quarterly*, 29 (4): 480-491.

Kim, S. K., Min, J. P., & Rho, J. J. 2013. "Effect of the Government's Use of Social Media on the Reliability of the Government: Focus on Twitter," *Public Management Review*, 17 (3): 1-28.

Lee, G., & Kwak, Y. H. 2012. "An Open Government Maturity Model for Social Media-based Public Engagement," *Government Information Quarterly*, 29 (4): 492-503.

Mergel, I., & Bretschneider, S. I. 2013. "A Three-Stage Adoption Process for Social Media Use in Government," *Public administration review*, 73 (3): 1-11.

Mossberger, K., Wu, Y., & Crawford, J. 2013. "Connecting Citizens and Local Governments? Social Media and Interactivity in Major U. S. Cities," *Government Information Quarterly*, 30 (4): 351-358.

Panagiotopoulos, P., Bigdeli, A. Z., & Sams, S. 2014. "Citizen-government Collaboration on Social Media: The Case of Twitter in the 2011 Riots in England," *Government Information Quarterly*, 31 (3): 349-357.

Pitcher, B. L. 2004. "The Hawthorne Experiments," *George Elton Mayo: Critical Evaluations in Business and Management*, (2): 203.

Rocha, A., & Sa, F. 2013. "Planning the Information Architecture in a Local Public Administration Organization," *Information Development*, 30 (3): 223-234.

Speier, C., Valacich, J. S., & Vessey, I. 1999. "The Influence of Task Interruption on Individual Decision Making: An Information Overload Perspective," *Decision Sciences*, 30 (2): 337-360.

Strogatz, S. H. 2001. "Exploring Complex Networks," *Nature*, 410 (6825): 268-276.

Watts, D. J., & Strogatz, S. H. 1998. "Collective Dynamics of Small-world' Networks," *Nature*, 393 (6684): 440-442.

Zavattaro, S. M., & Sementelli, A. J. 2014. "A Critical Examination of Social Media Adoption in Government: Introducing Omnipresence," *Government Information Quarterly*, 31 (2): 257-264.

Zhu, J. 2013. "When Grapevine News Meets Mass Media: Different Information

Sources and Perceptions of Government Corruption in Mainland China," *Comparative Political Studies*, 46 (8): 920 – 946.

The Informal Transformation of Organization: Chinese Local Government and Its Process in WeChat Groups

Jiazhen Huang

(College of Humanities and Social Sciences, Zhongshan Institute, University of Electronic Science and Technology of China)

Abstract: This paper explores the social media's impact to the internal process of local government from a theoretical perspective of informal organization. Based on the WeChat datum from civil servants of city Z, this paper finds out that: WeChat group has become a prevailing way of informal organization generating within local governments in which civil servants can duplicate actual organization structures and team up members for task assignments. WeChat groups duplicating actual organizations improve job involvement and provide emotional supports. WeChat groups that team up task participants facilitate coordination among departments, reduce uncertainties and ambiguities of task objectives, clarify implementation standards, redistribute job duties and responsibilities and foster consensus within group members. The use of WeChat group demonstrates the mechanisms of self seek order building from individual organization members which reflects, at the micro level, how social media technology shapes and reinvents the structures and processes of the hierarchy in public organizations.

Keywords: WeChat; Informal Organization; Hierarchy; Government Organization

共享经济的发展及其监管模式的探索

傅 晓[*]

【摘要】 在经济新常态下，党和国家高度重视发展共享经济，提出要实施"互联网+"，发展共享经济。但对于如何监管共享经济这种新的经济形态，则存在不同观点。有一种观点认为，应该要少一点干涉这些飞速发展的由科技推动的新行业；而另一种观点则主张，要建立一种新的管理构架和制度来解决这些问题；还有第三种观点认为，过多的干涉、约束可能会导致对创新的扼杀，而竞争规则才是解决相关数字市场中市场支配力问题的正确法则，但现有的竞争机制亟须修改并加大执法力度才能应对共享经济中面临的种种挑战。本文首先介绍了共享经济的概念和发展，然后从几个问题的角度讨论以上三种观点和争议，最后进行总结，并建议在共享经济领域建立以竞争法调整为主，其他监管、自律为辅的混合式监管模式，希望能促进对相关立法改革进行更深入的研究。

【关键词】 共享经济；竞争机制；监管模式

---

[*] 傅晓（1981—），女，湖南长沙人，硕士研究生毕业于英国赫尔大学国际法专业，以及英国曼切斯特大学知识产权法专业。曾工作于东莞理工学院，现为湖南大学在读博士研究生，专业为竞争法。

一 介绍

互联网的发展,共享经济的发展,是历史发展的大势所趋,是社会进步的潮流所向,是人民大众的积极选择,更是未来中国的机遇所在。国务院在2015年的6月、7月先后印发了《关于大力推进大众创业万众创新若干政策措施的意见》和《关于积极推进"互联网+"行动的指导意见》,肯定并鼓励新的经济发展模式。

2015年中国共享经济市场规模约为19560亿元(其中交易额18100亿元,融资额1460亿元),主要集中在金融、生活服务、交通出行、生产能力、知识技能、房屋短租等六大领域,随着技术和商业模式的不断成熟、用户的广泛参与以及大量资金的进入,部分领域的代表性企业数量和影响力迅速扩大,如滴滴出行、小猪短租、摩拜单车等,甚至有些成为全球名列前茅的独角兽公司。同时,无论是大众创业,还是万众创新,都离不开一个"众"字,共享经济领域参与提供服务者约5000万人(其中平台型企业员工数约500万人),约占劳动人口总数的5.5%(国家信息中心信息化研究部、中国互联网协会分享经济工作委员会,2016)。共享经济各领域代表性企业的参与大众人数更是快速增加,保守估计,我国参与共享经济活动总人数已经超过5亿人。

共享经济的活力增长了大众的财力,共享平台的人气也为平台创始人带来了财气。大力推进"双创"既可以在最大范围内推动人、财、物等各种市场要素的自由流动,也可以通过为新型经济主体营造公平竞争的法律道德环境,倒逼不合理的传统行业体制机制实现改革突破,最终提升整个经济的运行效率。创业是经济可持续发展的基础,经济的持续繁荣,不是以网络为代表的高科技带来的,而是以网络潮为代表的大众创业万众创新的创业潮带来的(陈世清,2015)。

但是,争议与发展如影随形,共享经济在火热发展的同时也存在很多问题,引发了对其在合法性、商业竞争、服务安全、隐私保护、劳动福利、税收等方面利弊的激烈讨论。对于如何监管共享经济这种新的经济形态，存在以下三种观点。

第一种观点认为，应该少一点干涉这些飞速发展的由科技推动的新行业，并且发动调查的成本通常高于它所能获得的正面效果，弊大于利。他们认为，如果"对科技的创新动力和自主定价行为进行不够恭顺的干预调查"会"减少积极创新和有效竞争对消费者带来的巨大的福利"（G. A. Manne and J. D. Wright，2011）。PayPal 公司的共同创建者之一、前 CEO 彼得·蒂尔（P. Thiel，2015）说过："鼓励人们创造具有垄断性质的公司，而不是陷入无休止的竞争，当具有垄断性质的公司获得巨大利润之后，这家公司可以花更多钱去探索新的技术，从而推动技术的进步。从这个角度来看，这更有利于推动社会进步。"

第二种观点则认为，有力的干涉调查是非常有必要的。共享经济和其他数字市场一样，创新速度很快，干预调查必须非常及时，而竞争政策往往只能在不公平竞争发生了实际损害之后才介入调查，竞争委员会据此做出的调查往往存在迟延性。所以，他们主张建立一种新的管理构架和制度来解决这些问题，比如如何保证第三方能公平、自由地进入关键的数字平台。

第三种观点认为，目前加大事前监督管理的力度并不是解决问题的正确方式，因为过多的干涉、约束可能会导致对创新的扼杀，而竞争规则才是解决相关数字市场中市场支配力问题的正确法则，但现有的竞争机制亟须修改并加大执法力度才能应对共享经济中面临的种种挑战。

本文首先介绍了共享经济的概念和发展，然后从几个问题的角度来讨论以上三种观点和争议，再进一步分析会有越来越多的相关案件证明对于共享经济的竞争性监督调查是非常有必要并且合理的，竞争法虽然不能够解决在一个已知市场中出现的所有问题，但它绝对是解决滥用市场支配力造成扭曲的市场竞争问题的正确工具。相反，所谓的大量的事前监督管理并不能有效地保证每个市场竞争者能公平自由地进入关键的市场平台。最后，建议在共享经济领域建立以竞争法调整为主,其他监管、自律为辅的混合式监管模式,希望能对促进相关立法改革进行更深入的研究。

二 共享经济的发展及特点

(一)共享经济的概念

共享经济(sharing economy)或分享经济,最早出现在 18 世纪末,但当时强调的是员工与企业共享发展收益,与现在非常火爆的数字市场中的共享经济不是一个概念。现在的共享经济的概念最早起源于美国社会学领域的马科斯·费尔逊(M. Felson)和琼·斯潘思(J. L. Spaeth)发表的"Community Structure and Collaborative Consumption: A Routine Activity Approach"(M. Felson and J. L. Spaeth,1978),这里面的"协同消费"(collaborative consumption)就是典型的共享经济(Ray Algar,2007),不同于具有福利慈善性的"纯共享平台",这种共享经济可能更加注重价值的交换或是获得收益,更具有商业性。于 1999 年建立的 Zipcar 公司向来被认为是第一家汽车共享公司,而它的创始人罗宾·蔡斯(Robin Chase)女士也被称为共享经济鼻祖,但现在看来 Zipcar 的共享平台应属于 B2C 而非某些共享经济中强调的 P2P 属性。

所以,到目前为止各个国家都没有一个对共享经济统一的界定。因为形式和内容的多样化,所以有一些不同名称的新经济形态其实本质上也都或多或少具有共享经济的特征,如"协同消费"(collaborative consumption)、P2P 经济(peer-to-peer economy)、零工经济(gig economy)、按需经济(on-demand economy),等等。不管是什么样的名称,我们可以发现共享经济有四个共同的特征,或者说四个基本的要素:大众化、闲置或剩余、数字化平台、收益。而把这四个特征联系起来的话,正好就是共享经济的定义:人们在数字化平台上与他人分享自己财产、资源、时间、技能等，使用但并不占有（access but not ownership），使得自己未使用的闲置资产甚至是正在使用的资产或其他"财富"释放出更大功效，获得更大收益。

表1 共享经济的不同名称和定义

名称	提出者	定义	年份
协同消费 Collaborative Consumption	马科斯·费尔逊（M. Felson）琼·斯潘思（J. L. Spaeth）	指消费者利用线上、线下的社区（团、群）、沙龙、培训等工具进行"连接"，实现合作或互利消费的一种经济模式，包括在拥有、租赁、使用或互相交换物品与服务、集中采购等方面的合作	1978
	雷切尔·博茨曼（Rachel Botsman）	指的是一种基于分享物品、技能、时间、空间等闲置资源以换取金钱的经济模式	2010
	罗宾·蔡斯（Robin Chase）	指联合他人释放出隐藏在过剩产能中的价值：资产、时间、专业知识以及创造力等。利用过剩的产能是一种基础的合作性行为，而这就是分享	2015
按需经济 On-demand Economy	迈克尔·雅可尼（Mike Jaconi）	是指信息技术公司借助即时商品和服务满足消费者需求的一种经济活动	2015
	经济学人杂志（The Economist）	指的是借助互联网直接从他人手中租赁房间、汽车、船以及其他资产的经济活动。由于分享经济所具有的方便性、可操作性及弹性工作时间，因此也被称为按需经济	2015
P2P经济 Peer-to-Peer Economy	贝妮塔·曼妥思卡（Benita Matofska）	指的是一个建立在人与物质资料分享基础上的社会经济生态系统。它包括不同人或组织之间对生产资料、产品、分销渠道，以及处于交易或消费过程中的商品和服务的分享	2012
零工经济 Gig Economy	每日野兽网站（The Daily Beast）	指人们通过社会化平台获取更多更加具有弹性和灵活性的工作机会，劳动者在某一时间段内提供某种特定的服务，而不再长期受雇于某一组织	2009

续表

名称	提出者	定义	年份
分享经济（共享经济）Sharing Economy	普华永道会计师事务所	分享经济产业包括P2P借贷和众筹，P2P住宿以及汽车分享，通过在线平台把人们连接起来，并在其上用更低的交易成本分享、交换闲置资源	2014
	黛比·沃思科（Debbie Wosskow）	分享经济是帮助人们分享资产、资源、时间和技能的在线平台	2014
	FTC	指基于互联网电子商务平台之上"分享"性的经济活动	2015
	OECD	指拥有闲置资源的机构或个人有偿让渡资源使用权给他人，让渡者获取回报，分享者利用分享他人的闲置资源创造价值	2015

虽然社会各界对共享经济这种新的经济模式褒贬不一，但它从最初的汽车、房屋分享迅速渗透到金融、餐饮、空间、物流、教育、医疗、基础设施等多个领域和细分市场，并加速向农业、能源、生产、城市建设等更多领域扩张。共享经济事实上给消费者和直接从业者带来了实惠，包括收入的增加、从业自由、更智能便捷的消费方式。分享领域不断拓展，未来一切可分享的东西都将被分享，人们的工作和生活方式将因之发生深刻变化。

（二）共享经济的特点

共享经济作为数字市场的一部分，大致呈现以下几个需要重视的特点。

表2 传统经济和共享经济的区别

传统经济	共享经济
重技术引进、轻自主创新	颠覆性创新
单边市场	双边或多边市场

续表

传统经济	共享经济
受限于规模经济，边际成本高	边际成本近乎于零
追求利益最大化，用户黏性低	很强的网络效应
隔行如隔山，跨行业发展阻力大	胜者为王，赢者通吃

（1）共享经济通常具有和数字市场一样飞速发展甚至是颠覆性创新（disruptive innovation）的特点（OECD，2015），而且越来越明显。新型公司在完成了至关重要的第一步创新之后，新市场或细分市场往往会很快得到发展，通过大力推送高度创新的商品和服务，有一些新的市场参与者甚至会很快动摇既存老牌公司的市场占有率。创新虽然不一定是最显著的特征，但仍然是数字市场非常重要的特征。它改变着消费者的消费习惯，虽然给消费者带来的是更方便、更快捷、更多选择，但它也直接引发了社会财富和利益的重新分配，使传统企业面临巨大竞争压力，不可避免地会遇到来自既得利益者的质疑和阻挠。并且，共享经济的创新消费和就业方式事实上逃避了正规经济应该负担的税收[①]、社保等义务，对传统正规经济构成了不公平竞争，对正规经济从业者的利益造成了较大冲击，引发了一些社会问题。

（2）共享经济核心的"平台市场"是一种双边市场（two-sided markets），甚至是多边市场（multi-sided markets）（J. Rochet and J. Tirole，2003），共享经济公司往往是提供和管理着一个"数字化平台"，也就是数字化的基础设施（如网页、应用软件或其他软件），下文中将称其为"平台运营商"。这些基础设施可以将买家和卖家对于特定商品或服务的需求相配对，很大程度上解决了传统经济中信息严重不对称的问题。双边或多边市场会带来以下几种实际的影响。

第一，不同的客户群都可以接触到这个平台，买卖双方都可以通过

---

① 与其他能够开具专用发票的交通运输行业相比，专车究竟应该开具税率为6%的现代服务业服务发票，还是税率为11%的交通运输服务发票，尚无定论。

这个平台达到交易的目的。平台运营商通过价格优势吸引来自不同群体的买家进行交易，它自己也因此获得了巨大的成功。为了解决不同客户群体的需求不平衡问题，平台运营商会时常调整对两方使用者的收费比例，对平台的一方使用者收取费用作为部分收益，而对另一方使用者则是在亏本经营（D. Evans，2002）。举例来说，滴滴、优步等专车平台，就要时常调整司机端和消费者端的补贴标准和收费，以达到稳定的目的，而这两者的收入和支出的高低往往是成反比的。

第二，一个强大的平台运营商的市场支配力可能会被放大并扩张影响到其他关联市场中去（H. Shelanski，2013）。平台运营商还往往会使自己的数字化平台拥有市场优势地位，从而可以操控下游市场，并对相邻市场产生影响，这自然会出现天生的垄断者。例如，BAT（百度公司 Baidu、阿里巴巴集团 Alibaba、腾讯公司 Tencent 三大互联网巨头）发展至今已经不仅是一家公司，更是一个大型的社会化平台。BAT 在共享经济的多个领域也展开了激烈的自我运营以及和他人的战略合作，它们完全可以使其投资的共享经济行业和其他行业互相推广、渗透，从而形成一个更大的、更完整的帝国。

此外，双边或多边平台运营商往往会面临多归属性的问题（multi-homing）。一个司机或一个消费者可能同时注册滴滴、优步、易到等多个网络约车平台，并可以随时择一使用；一个房东也很有可能在 Airbnb、小猪短租或是蚂蚁短租平台上同时发布房源。平台运营商为了争夺市场甚至贴钱吸引用户进驻或使用平台，如给用户以折扣、免单等优惠，然而，用户的忠诚度或是与平台的捆绑度并不高，用户可能在多个类似的平台发布相同的信息或是提供同样的服务。但这对于市场竞争而言并非坏事，欧盟委员会就曾在评估 Telefónica UK/Vodafone UK/Everything Everywhere 并购交易案中提出"用户通常会向多个市场参与者提供其个人信息，因此新的市场进入者也可以获取数据"，并认为虽然交易方拥有大量数据，但这并不会对竞争造成严重影响，进而无条件批准了此项交易。

第三，很多包括共享经济在内的数字市场具有这样一个特点：边际成本（marginal cost）很低，近乎于零。一般来说，这是因为创造和研发一个数字化的基础设施可能需要很高的投入，但由于网络传播速度快的特点，把终端产品推广给另一位使用客户的成本往往很低。共享经济很有可能固定成本和边际成本都很低，手机应用或者网站的建立只需少量的固定成本，却以接近零的边际成本获取大量潜在客户，因为它已经在手机的应用商城或是其他的数字化传播途径中供用户获取了，它的开发、运营和传播的时间和成本都相当少（H. Hovenkamp，2014）。《零边际成本社会》的作者杰里米·里夫金就指出："趋近于零的边际成本让这种新的经济模式（共享经济）成为可能。人们转变为产消者，在消费的同时也制作和分享自己的产品。"

第四，共享经济具有很强的网络效应（network effect），通常包括直接的网络效应和间接的网络效应。直接的网络效应体现为当一个产品对用户越有使用价值，就会有越多的使用者来使用该产品和兼容产品（C. Shapiro and H. Varian，2007；M. Rato and N. Petit，2013）。显而易见的一个直接网络效应的例子就是一个短租平台的价值往往是跟它的注册用户数尤其是房东数量成正比。间接的网络效应则体现在多边市场关系中，平台的一方用户数量的增加会带来另一方用户的收益增加。例如，一个网络约车平台上的需求消费者数量越多，那么这个平台给平台运营商带来的价值也就越高。同时它还能带来极大的"正向反馈循环"：越多的消费者约车，会使越多的司机注册并服务于该平台，约车时间越短，越受到消费者的欢迎和喜爱，这种机制也就是间接的网络效应。

第五，共享经济容易给人一种"胜者为王，赢者通吃"的印象，也被称为"雪球效应"。一旦一家公司做到"引爆流行"并且建立起广大的用户网络，它就会进入一种良性循环，越来越多的积极正面的评价让它吸引更多的用户，使得成功者越来越成功（C. Shapiro and H. Varian，2007）。这也会使得它的既存和潜在的竞争对手很难挑战它的市场领先地位，良性循环的网络效应让它的用户更加根深蒂固地习惯使用它现有的平台而不去尝试竞争者的平台。所以，某一共享经济的市场会被某一家非常强大的公司，甚至是已经形成垄断的公司所控制，例如网络约车平台的滴滴。

三 政府是否需要干预共享经济发展

这个问题是非常有争议的，如上文所述，共享经济确实具有飞速发展甚至是颠覆性创新的特点，新的经营者或可能的竞争者在进入门槛低但用户需求量巨大的市场时，会发展得特别快，甚至对现有市场格局形成巨大冲击，引发社会矛盾。但如果执法者倾向于严格执法，其结果必然是：一种以共同目标为基础的强制秩序压倒了以互惠为基础的自发秩序（Lon L. Fuller，1978）。过于追求部门法的事前行政监督会扼杀创新和发展，是有悖社会的前行发展的，也会遭到在创新中受益的消费者们的反对。比如，像 Uber 和 Airbnb 这样的大公司这些年来确实给消费者带来了很多方便和福利，如果因为政府的过度干预行为使得它们减少对提升服务的投资，打消努力创新的动力，就得不偿失了。

所以，我们需要来解答的第一个问题是：政府是不是对共享经济干预太多呢？

在中国，共享经济从 20 世纪 90 年开始萌芽，2009～2012 年为起步阶段，2013 年之后共享经济进入了快速成长阶段，部分领域的代表性企业数量和影响力迅速扩大，甚至成为全球名列前茅的独角兽公司。在这一段时间里，国家层面上是没有专门的法律或是规章来进行规定或监督的，但同时，各地方政府又有对其不同的监管态度和方式。例如，有些地方政府甚至把它们认定为非法经营，并进行扣押车辆或罚款的处罚，直到 2016 年 7 月《网络预约出租汽车经营服务管理暂行办法》（下称"网约车新政"）公布。

虽然我国的网约车新政被认为是全球范围内第一个宣布网约车合

法的国家法规，但在对网约车的具体管理标准和营运要求上，网约车新政只做了原则性规定，由地方政府制定具体规则。2016 年 9 月交通部的《出租汽车驾驶员从业资格管理规定》要求网约车驾驶员需要进行从业资格考试，考试内容和合格分数也同样由各地政府自行规定。截止到 2017 年 1 月，全国已有 42 个城市颁布了网约车新政实施细则，标准的严格程度有所不同，要求没有那么严格的城市反而得到了更多的点赞。另外，部分地方政府拟对网约车进行数量和价格双重管制，也被质疑在用备受诟病的旧模式来限制新生的、受欢迎的经营模式，无法让市场反映真正的供需，供给和需求之间可能再次出现不平衡，便捷的网约车服务再次回到"傲娇"的巡游出租车老路上，甚至以"互联网＋"为代表的共享经济都将面临生存的问题，不适应时代和消费者需求。

那么，第二个问题是，政府是不是应该减少对共享经济的干预调查，不进行任何监管呢？

这样的建议其实也不对。因为共享经济和其他经济模式一样也会存在如交易安全、劳动保障、保险理赔、逃税漏税等问题，出现了这些问题的话当然需要干预调查，但是也要分情况和发展阶段来定，比如说，交易安全的问题当然也一直在进行干预调查甚至是处罚；保险理赔问题相关部门和平台运营商已经在构建并逐步执行相关制度；至于劳动保障和税收的问题，基本原则是明确的，但现在在我国实际操作起来非常困难，中国财政部部长楼继伟在 2016 年 G20 税收高级别研讨会上就明确表示："数字经济（包括共享经济）也应该征税，但是很难。"我们也许应该像对当年电商平台的发展一样，给予它宽容的时间和空间，督促但不以此为门槛打压其生存和发展，以"在法治下推进改革，在改革中完善法治"的理念对待新业态。

此外，如前文提到的一些共享经济的特征，它具有"胜者为王，赢者通吃"的特点，个别的公司很容易在这个行业形成强大的市场支配力。再加上积极的网络效应，这些公司会保持这样的优势地位甚至变得更加强大，在这种情况下，它的竞争对手即便拥有更好的产品但仍无法撼动它市场龙头老大的地位。这也就是为什么竞争执法者需要时刻警惕这种排除竞争的公司的合并行为会产生垄断，同样也是竞争执法者要密切监督数字市场依照法律进行公平自由的"厮杀"的原因，即便确实有公司因此合法地获得了自然垄断地位，也要防止它滥用垄断地位阻止其他竞争者的进入，停止创新，阻碍生产力的进一步提升。这些都值得反垄断机构保持对其的警惕并监督竞争规则的执行。

政府在到底应不应该干预调查共享经济市场这个问题上，应该借鉴美国和欧盟的经验，很多欧美自由主义的经济学家坚决主张：数字化、高科技的市场中的任何经济瑕疵问题应该交由其飞速发展的市场自然属性去解决，顺其自然，也就是主张企业自律（self-regulation）。

例如，伦敦政府没有单独制定法规，而是将网约车纳入《约租车法案1998》，采取更为开放的政策，政府监管平台，平台来约束司机。欧洲共享经济联盟对欧盟政策制定者提出过建议：要创造一个有利于共享经济企业发展的环境，只有当市场失灵时，才可将立法视为一种辅助手段，而且相关规定要更智能和更有针对性。

美国贸易委员会一直坚持的对共享经济的基调——以一种不会妨碍创新却能保护消费者的方式来监管这类新的商业模式。如，加州政府就成立交通网络公司（TNC）对Uber、Lyft等公司进行管理，比传统出租车的准入门槛要低一些，但要求TNC平台对车辆负责，在服务安全方面也有严格规定。

四 竞争规制是监督共享经济的最佳手段

虽然存在很多要为共享经济建立更为严格的包括市场准入在内的事前行政监督的呼声，但这种严格的监督其实会对相关企业的解放创新、投资创新的积极性造成过分约束。

市场的本质在于竞争，应该减少政府干预，让"无形之手"起决定性作用，要充分发挥竞争的作用，以公平竞争激发市场活力，以达到保护市场公平竞争秩序、经营者和消费者利益及社会公共利益的目的。王晓晔（2011）指出，只有市场上存在竞争，企业才能灵活适应不断变化的市场情况和消费者的需要，即根据市场需求配置其资金和生产资料，从而市场供求可以得到基本平衡，社会资源得到更合理和更优化的配置。市场机制会淘汰那些落后的或不合理的模式或平台，生存下来的则更加适合互联网时代需求，竞争规则的适用才是解决新型市场中市场支配力问题的正确法则。

张维迎（2015）也说过："竞争是最好的专车监管手段。"所以，一方面《反不正当竞争法》反对不正当竞争行为，鼓励和保护公平竞争，通过竞争为市场提供更稳定更优质的服务；另一方面，《反垄断法》反对限制竞争，保护自由竞争，防止当竞争者都被排挤出去或是某个平台聚集了最多的供需双方后产生垄断，并制止和处罚不利于技术创新进步和消费者保护的滥用垄断地位的行为。两者相辅相成，内容上互有交叉，但都是建立和维护市场竞争秩序不可缺的法律制度。

另外，我国公平竞争审查制度也已落地生效，它从维护全国统一市场和公平竞争的角度列出了审查标准，为行政权力划定了18个"不得"，包括：不得设置不合理和歧视性的准入条件，不得限制外地商品、服务进入本地市场等。所以，不少学者和专家都质疑一些地方的网约车新政细则在车辆、驾驶员、平台公司等准入条件方面涉嫌滥用行政权力排除限制竞争，并且存在门槛高、价格贵等规定，认为这实质上损害了市场资源配置效率和公平性，不符合公平竞争审查制度。2017年下半年，国家发展改革委价格监督与反垄断局对此展开了调查，其中，泉州、兰州两地的网约车细则就在调查之后有所修改，修改的内容包括：减少对网约车驾驶员的户籍限制，降低对网约车车辆的价格和技术条件要求，取消其他违背市场经济要求的不合理限制，等等。这是一个好的纠正的开始，希望通过对更多地方政府的网约车细则进行公平竞争审查，更多城市跟进放宽的脚步，大力消除影响公平竞争、妨碍创新的各种制度束缚，真正为大众创业、万众创新营造公平竞争的市场环境。

当然，竞争法的强制执行措施当然不是万能药，竞争执法当局显然不能（也不应该）去处理它们职权范围外的问题，换而言之，不能处理当今数字市场出现的所有问题。共享经济中出现的一些问题都需要其他的部门法的监督和补救，比如说，消费者权益保护法中对交易安全以及个人信息的保护等相关问题的规定。但用制定特别部门法的事前监督来专门解决共享经济中出现的问题，尤其是市场准入问题，是否恰当？是否存在背后利益的博弈？是否会产生新的权力寻租？这些问题都值得我们深入思考。

第一，不少公众其实对于创新的商业模式是持欢迎态度的，因为它确实能给公众带来便利和福利。而主张加强管理机制，受益更多的是传统市场竞争主体，而不是消费者。如果一味地保护传统行业者，会严重打击创新的动力，也违背了保护消费者利益的目的。

第二，和共享市场的种种特点不同的是，传统的产业网，如电信、能源和铁路，需要遵守大量的事前监管。它与数字化平台相比，受飞速的技术变革和创新的影响比较小，它具有实体性、劳动关系、基础设施相对比较稳定的特点。但对于飞速发展、多归属性的共享经济来说，从业自由可能就是它能否发展的关键。而且预设普遍适用的一般原则来确保对竞争对手的"公平性"，可能反而会变成另一种不公平。

第三，目前尚不明确及时干预新型市场的事前监管行为是否会给市场带来任何好处。例如，一项由欧洲议会（"欧洲议会制度研究"）委托进行的数字市场竞争政策的挑战性研究表明，在对漫游费管理的问题上，具体部门法的规定已经被证明是徒劳无功的，以至于欧洲的相关机构在五年后被迫修改了该监管框架。反观我国，地方政府如果限制网约车的数量和价格，很难说消费者是受益还是会回到打车困难的原点。

第四，数字市场的最大特征就是飞快的创新速度，一个预设的、全面的、复杂的监管框架很难跟上科技飞速发展的步伐。事实上，任何监管框架都有着当它正式生效执行时已然过时的风险。相比之下，竞争法是一个更为灵活的工具，因为它可以针对市场的实际情况处理更加多样化的反竞争行为。

五 对共享经济混合式监管的建议

正如前文所述，法律的建立一般都是滞后的，所以新的监管规则应该在充分理解创新活动过程的基础上，不落后于创新，不耽误新产品或服务的授权，不向市场发送消极信号。立法者和监管者应该跳出既定的条条框框，去思考传统监管机制所面临的挑战。包括法律确定性和可预测性如何跟上快速变化的创新步伐，搭建创新和监管程度和要求之间的桥梁，形成创新友好、宽松型法律政策环境，包容和激励社会创新。共享经济创新活动充满不确定性，同时又是极其复杂的，复杂现象的监管应该是原则性的而非制定具体规则（高玉梅，2015）。关于如何建立一个对创新友好、宽松型的共享经济监管模式，广泛的、原则性的规定可以从以下几个方面考虑。

第一，如果市场产生的结果符合预期且消费者权益不会受到损害，政府就应当采取不作为的方式。李克强总理就曾经力挺共享经济，称其是"拉动经济增长的新路子"，而通过分享、协作方式搞创业创新，"门槛更低、成本更小、速度更快，这有利于拓展我国共享经济的新领域"。例如，北京等各大城市非常明显的涨落式出行需求不能只靠运营出租车来满足，盘活现有社会车辆才是有效解决办法。应运而生的专车不仅将打车市场运力提升1.4倍，补充了公交系统6%的客流量运力，而且在提升出行效率、缓解道路拥挤、减少污染排放以及扩大消费等方面均起到积极的推动作用（CNNIC，2015）。在这种情形下，政府就应默许给予专车一定的自我发展空间。

第二，如果市场因缺乏保护而出现缺陷和失衡，为了支持新的经济模式健康发展，政府就需要通过立法或是执法进行积极干预。政府和网约车平台要进行合作监管，政府来制定合理的车辆和司机准入标准与监管模式，同时还需设定责任保险限度等。要贯彻落实《中共中央国务院关于深化体制机制改革加快实施创新驱动发展战略的若干意见》，放宽融合性产品和服务的市场准入限制，制定实施各行业互联网准入负面清单，允许各类主体依法平等进入未纳入负面清单管理的领域。破除行业壁垒，推动各行业、各领域在技术、标准、监管等方面充分对接，最大限度减少事前准入限制，加强事中事后监管。同时，虽网约车作为"互联网+便捷交通"的一面已经得到"合法的身份"，但各地政府对网约车应尽量秉持"包容审慎"的立法和执法态度，对政府的权力加以规制，让市场供需在各地网约车新政中发挥有效作用，网约车管理细则需慎重反思。

第三，谈判或者约谈都是规则制定过程或诉讼前可以考虑的方式。首先，约谈或谈判对平台经营者违法、违规行为有一定的威慑力，行政约谈的效果往往比行政处罚更加有效。通过提前对企业、行业行政约谈，可以降低企业违法行为发生的概率，起到预防的作用。其次，它可以为被规制的对象和有关部门建立沟通机制。行政约谈避免了直接处罚引起企业抵触情绪，对于社会弱势群体、弱势企业采取行政约谈手段，能够避免引发社会矛盾纠纷，起到缓冲的作用。最后，借约谈或是谈判之机，可以向企业宣传贯彻合法经营、安全保障、公平竞争等相关的法律法规，还可共同探讨共享经济的规制建设，起到指南的作用。例如，备受关注的滴滴和优步合并的案件中，商务部两次约谈滴滴出行公司，要求其说明交易情况、未申报的原因，并按商务部提出的问题清单提交有关文件、资料；与有关部门和企业座谈，了解网约车运营模式和相关市场竞争状况等。

而诉讼往往是最后的手段，因为在关于新生事物的规定不明确的发展时期，诉讼成本较高、时间较长，但诉讼的过程往往能推动和促进相关行业确立明确的规制。比如说"专车第一案"就跨越了网约车新政出台的敏感时期,法官和相关部门都格外谨慎,前后经过了四次延期,最终两年后才做出撤销对网约车司机"非法运营"的行政处罚。这一判决结果既是法院在耐心等待交通部给网约车的合法性定性,也积极促进了这个民意和市场都盼望的网约车新政的正式出台。

其实,政府在共享经济的必然发展趋势中不应该站到人民需求的对立面,而是应该考虑树立和发挥好自己的"双重身份",一方面是监管者,另一方面也可以同时成为推动者,采取一些措施去引导和推动这类平台提供政府所需要的服务,解决供需不平衡的问题,更好地实现其社会政策目标。

具体而言,地方政府除了强调保护消费者和维护公平、自由竞争秩序之外,还应采取一些合作监管与自律监管相结合的混合监管策略:①建立合作规制模式,比如通过补贴,鼓励分享企业扩大其提供公共产品和增加消费者剩余的服务范围,尽量减少政府对市场的过度监管,鼓励其中标志性的、领军式的分享平台(企业)建立行业自律协会和自我监管机制;②利用分享平台作为再分配的工具,平衡各类社会资源;③通过合作,让分享平台为政府提供服务,开源节流,如可以使用"专车",减少公车的配备和出行;④建立以地方政府属地监管为管辖原则的合作监管制度,政府将重点监管涉及国家安全、社会稳定、经济安全、人权保障、外国在华经营等重大事项(唐清利,2015)。这种混合监管与传统的监管模式有很大区别,与共享经济的法律结构具有耦合性,能够为共享经济提供合法性规范,为从业者和监管者找到契合点和制度支撑,将对城市的法律、政治和道德问题产生深远影响。

六 总结

任何一个新的经济模式或制度的发展和变革都存在曲折和反复的

过程，都会遭受质疑或打击。而新生事物本身也不可能是完美的，必然有需要进步和完善的空间，我们也需耐心地给予其成长时间。共享经济存在的诸多问题，政府、司法机关以及企业本身都在对抗和制衡中逐步摸索建立解决方案。比如说，2014年初，阿姆斯特丹对Airbnb进行立法，征收5%的旅游税；2014年底，旧金山对私人住宅从事共享经济也进行了立法，要求房屋整体出租时间每年不超过90天，同时征收14%的酒店税；2015年开始，中国的嘀嗒拼车也开始为乘客提供累计限额20万人民币的人身伤亡保险。

但有一点确实必须承认，共享经济整体上来说是有益的，而且对处于经济增速正在放缓、经济下行压力较大的中国来说，鼓励创新创业正成为政府力推的政策，共享经济模式也将迎来更大发展。有人形象地将共享经济比喻为"鲶鱼效应"，它不但在竞争中不断发展壮大，而且打破了"平静的假象"，迫使公共行业的传统经营模式者摒弃优越感和依赖性，加快从理念转换、制度架构、经营管理到运作机制等全方位的改革步伐，激发可持续发展的社会主义市场经济活力，通过竞争优化资源配置，优胜劣汰。

共享经济企业的发展促进了人们思想观念的转变和法治的建立，人们思想观念的转变和法治的建立又反作用于共享经济的发展。伴随着"互联网+"的发展，对大众创业、万众创新的支持，共享经济将会扩展、渗透到更多细分领域，进一步改变人们的衣食住行。在共享经济中建立良好的竞争秩序和逐步完善的法治结构，将让更多的住房、汽车、劳动力发挥效用，将更深刻地改变我们未来的生活。

参考文献

陈世清，2015，《新常态经济是创业型经济》，求是网，http://www.qstheory.cn/laigao/2015-05/20/c_1115343937.htm。

CNNIC，2015，《专车市场发展研究专题报告》，CNNIC网，http://www.cnnic.cn/hlwfzyj/hlwxzbg/201512/P020151231505643474086. pdf。

国家信息中心信息化研究部、中国互联网协会分享经济工作委员会，2016，《中国分享经济发展报告 2016》，国家信息中心网，http：∥www. sic. gov. cn/News/250/6010. htm。

高玉梅，2015，《共享经济活动的创新监管研究》，《云南科技管理》第 6 期。

国务院，2015，《关于大力推进大众创业万众创新若干政策措施的意见》。

唐清利，2015，《"专车"类共享经济的规制路径》，《中国法学》第 4 期。

王晓晔，2011，《反垄断法》，法律出版社。

张维迎，2015，《竞争是最好的专车监管手段》，新华网，http：∥news. xinhuanet. com/fortune/2015-10/19/c_128333821. htm。

C. Shapiro and H. Varian. 2007. *Information Rules*，Harvard Business School Press，p. 174

D. Evans. 2002. *The Antitrust Economics of Two-Sided Markets*，Available at SSRN：http：∥ssrn. com/abstract = 332022 or http：∥dx. doi. org/10. 2139/ssrn. 332022.

M. Felson and J. L. Spaeth. 1978. "Community structure and collaborative consumption：a routine activity approach"，*American Behavioral Scientist*，21，pp. 614 – 624.

G. A. Manne and J. D. Wright. 2011. "Google and the Limits of Antitrust：The Case Against the Antitrust Case Against Google"，*Social Science Electronic Publishing*，34，pp. 171 – 244 .

H. Hovenkamp. 2014. *Antitrust and Information Technologies*，available at http：∥papers. ssrn. com/sol3/papers. cfm? abstract_ id = 2531689.

H. Shelanski . 2013. *Information，Innovation，and Competition Policy for the Internet*，Available at：http：∥scholarship. law. upenn. edu/cgi/viewcontent. cgi? article = 1025&context = penn_ law_ review.

J. Rochet and J. Tirole. 2003. "Platform Competition in Two-Sided Markets," *Journal of the European Economic Association*，Available at http：∥www. rchss. sinica. edu. tw/cibs/pdf/RochetTirole3. pdf.

Lon L. Fuller. 1978. "The Forms and limits of Adjudication," *Harvavd Law Review*，92，pp. 353 – 386. http：∥money. 163. com/15/1019/11/B69L5UKU00253B0H. html.

M. Rato and N. Petit. 2013. "Abuse of Dominance in Technology-Enabled Markets：

Established Standards Reconsidered?", *European Competition Journal*.

OECD. 2015. "Hearing on Disruptive Innovation", Issues paper by the Secretariat, DAF/COMP, Available at: http://www.oecd.org/officialdocuments/publicdisplaydocumentpdf/?cote=DAF/COMP%282015%293&docLanguage=En.

P. Thiel. 2015. *Competition Is for Losers*, Available at http://www.wsj.com/articles/peter-thiel-competition-is-forlosers-1410535536.

Ray Algar. 2007. "Collaborative Consumption", *Leisure Report*.

The Research of the Development and Regulatory Framework of the Sharing Economy

Xiao Fu

(Law School, Hunan University)

Abstract: Under the developing of new normal economy, the government attaches great importance to the implementation of Internet, called internet +, and hope to develop the sharing economy. But some believe they should refrain from intervening in fast-moving, technology driven industries, as the cost of intervention in those industries would generally outweigh possible benefits. Others have argued that a muscular intervention from government is needed, and a new regulatory framework would be required to address problems. A third group argues that competition policy is the right tool to address issues related to market power in digital markets. In this article, after having defined the sharing economy and its development, I will discuss in turn the above arguments and criticisms. Then I will conclude and suggest that the regulation of sharing economy should works in a mixed model: the competition law should as the main and other regulatory framework should as the supplement. Whilst some of the proposals to further enhance the effectiveness of the enforcement system may have some merit in principle, more in-depth research would be required before any legislative reform.

Keywords: Sharing Economy; Competition Policy; Regulatory Framework

公民网络参与的文献综述

——基于 CiteSpace 的图谱量化分析

赵金旭 伍诗瑜 郑珍珍*

【摘要】 本研究以中国知网数据库 1997~2016 年的 482 篇公民网络参与文献为样本,借助信息可视化软件 CiteSpace 进行分析。本文通过发文量时间、高被引文献、关键词共现网络节点、时间变化及聚类分析等形式发掘公民网络参与研究的热点及变化趋势。接着,本研究借助聚类分析的结果,按比例从 482 篇文献中选取代表各个聚类的 52 篇文献进行分析,从而进一步了解我国公民网络参与的主题、内容以及研究方法。

【关键词】 公民网络参与;CiteSpace 分析;文献综述

一 导论

近年来,我国互联网网民数量迅速增加,公民网络参与逐渐成为公众表达诉求、参与政策制定,以及对相关部门进行监督的重要渠道。

---

* 赵金旭,中山大学政治与公共事务管理学院博士研究生,研究方向:数字治理、移动政务。
伍诗瑜,中山大学资讯管理学院硕士研究生,研究方向:情报学。
郑珍珍,中山大学政治与公共事务管理学院硕士研究生,研究方向:电子政务。

Metha（2009）、王绍光（2006）、朱亚鹏（2009）、郑永年和吴国光（2014；2009；2005）等探讨了公民网络参与的重要意义。2017年7月，第40次《中国互联网络发展状况报告》显示：我国网民规模已达7.51亿，互联网普及率为54.3%[①]，互联网已经影响到我国社会的各个方面。不管是经济调节、市场监管、社会管理，还是公共服务提供，都需要借助良好的公民网络参与和健全的政民网络互动机制。

为了进一步了解我国公民网络参与研究的现状，本研究借助CiteSpace量化分析软件对1997~2016年中国知网数据库（CNKI）中与公民网络参与相关的期刊文献进行系统分析。CiteSpace是一个探测科学文献发展趋势及模式的可视化分析工具，它通过文献的引用和被引用关系来挖掘整个学科的知识结构和脉络图景（李婉、孙斌栋，2014）。相比于传统的文献回顾分析方法，CiteSpace可以很好地对大量文献做量化统计分析，用客观指标代替主观判断，完整地反映相关研究问题的知识网络结构和理论发展脉络。CiteSpace已经在图书情报与档案管理领域（宋艳辉、杨思洛，2014；蔚军朝、蔚海燕，2011；周金侠，2011）、心理学（辛伟、雷二庆等，2014；李峰、朱彬钰、辛涛，2012）、经济地理学（韩增林等，2014；刘俊婉、蒋丽娜等，2014；王梓懿、沈正平、杜明伟，2017）、生态学（秦小楠、卢小丽、武春友，2017）、体育学（高明、段卉、韩尚洁，2015）等领域得到广泛应用，但公共管理学对该软件的使用还比较少（奉国和、李媚婵，2014）。

本研究由以下几部分构成：首先，文章介绍了公民网络参与的概念、特征与意义。接着，文章借助对公民网络参与概念特征的讨论选择相应的关键词，并通过这些关键词搜索相关文献作为本研究的数据来源。文章的主体部分是研究发现，研究借助CiteSpace软件对收集的文献进行关键词共现网络节点、时间变化、聚类等分析，从而探索公民网络参与的

---

① 数据来源：中国互联网络信息中心、中央网络和信息化领导小组、国家互联网信息办公室于2017年7月发布的第40次《中国互联网络发展状况统计报告》，详见http：//cnnic.cn/gywm/xwzx/rdxw/201708/t20170804_69449.htm。

研究热点及变化趋势。同时，本研究借助关键词共现聚类分析的结果，按比例从482篇文献中选取52篇具有代表性的文献进行传统的文献分析，从而进一步了解公民网络参与研究的主题、内容及研究方法。

二 公民网络参与的概念、特征与意义

魏娜认为，公民网络参与是"公众利用计算机技术和网络技术，以电子邮件、网上讨论等形式，参与制定、修改、评论公共政策的过程"（魏娜、袁博，2009）。翁世洪也提出了相似的界定，他认为"公民网络参与是公民借助互联网络表达自己的政治意愿，参与政治活动，对政治系统的决策施加影响的行为与过程"（翁世洪，2014）。金毅等的定义更突出网民群体的特殊性，认为公民网络参与的主体是具有"新阶层意识"的网民、意见领袖和网络政治精英，"网络趣缘"或"利益诉求"往往成为网络参与主体的主要动机（金毅、许鸿艳，2013）。顾丽梅（2010）、王金水（2012）、胡宗仁（2010）等学者对公民网络参与也进行了概念界定。在对现有文献总结的基础上，本研究认为公民网络参与的概念主要包含三个特征：第一，网络参与的主体是能够利用互联网技术的网民，而不是一般意义上的公民。第二，网络参与的工具是互联网技术，其表现形式多种多样，既包括基于PC端的传统互联网，也包括基于移动端的移动互联网。第三，网络参与的目的是影响公共政策的制定。

Thomas 和 Streib（2003）认为，信息技术时代的公民网络参与日益重要，原因是政府与公众之间的互动渠道日益多样化，政府网站、社交媒体（twitter、微博、微信等）、手机客户端等成为政府发布信息及公众了解政府的重要平台。Robbins, Simonsen 和 Feldman（2008）也强调，公民网络参与是"政府系统全面地了解公众意见"，"通过数字化手段联系政府相关部门"，并促使"更多的民众参与到公共政策制定过程中来"的现代民主新形式。在我国社会主义初级阶段的基本国情下，

经济社会迅猛发展，但社会管理制度尚不健全。此时的公民网络参与，对于政府了解民情，化解社会矛盾，促进社会和谐，完善现代化的国家治理体系具有重要意义。

三 研究方法

根据公民网络参与的概念界定，研究将搜索的关键词分为两组：一组突出公民网络参与的互联网工具特性，包括"网络参与"、"电子参与"、"电子政府"与"参与"、"电子治理"与"参与"、"电子政务"与"参与"；另一组突出公民网络参与的政府回应性，包括"电子咨询"与"政府"、"网络咨询"与"政府"。同时，研究添加了两个限制条件：一是期刊论文；二是社会科学领域内的文献。研究利用以上关键词和关键词组合在中国知网中检索标题和关键词中包含这些词的社会科学领域内的所有文献。检索后，本研究得到1997~2016年的672篇与公民网络参与相关的期刊文献。研究进行了二次人工筛选，将一些与研究主题明显不符的文献剔除，得到482篇文献作为本研究的数据。研究利用CiteSpace软件对这些文献进行量化分析，从而系统地了解我国公民网络参与研究的现状。同时，研究在CiteSpace关键词共现聚类分析后，又按比例抽取52篇文献进行传统的文献分析，从而进一步了解我国公民网络参与研究的主题、内容及方法。

四 主要研究发现

（一）论文数量的年度分布

图1是公民网络参与482篇文献的年度分布状况，根据论文的数量可以大致分为三个阶段。第一阶段为1997~2007年。在这一阶段，公民网络参与的文献较少，偶尔有相关文章发表。在该阶段末期的2005~2007

年，公民网络参与的文献有小幅上升。第二阶段为2008～2013年，这一阶段的公民网络参与研究呈现高速增长的趋势，迅速增长到2013年的92篇。第三阶段为2014～2016年，这一阶段的公民网络参与文献稳定在四五十篇。

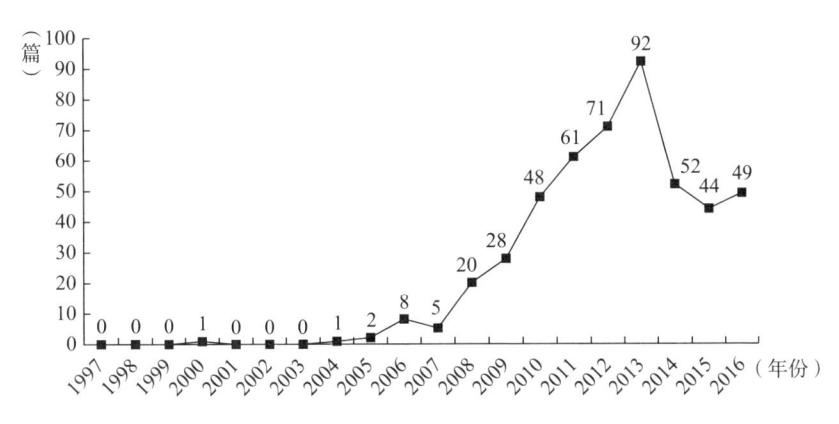

图1　1997～2016年发文数量变化趋势

（二）排名前十的高被引文献分析

本研究对最终选定的482篇公民网络参与文献的被引用量进行排名，得到了10篇高被引文献。表1包括了这10篇文献的引用次数、首次出现年份、作者、标题以及来源期刊等信息。通过对这10篇文献的分析，本研究得到以下初步结论。

1. 网络反腐是公民网络参与研究的重要议题

被引用最多的一篇是来自杜治洲和任建明发表在《河南社会科学》上的一篇讨论网络反腐的论文。该论文认为互联网带来的信息公开和政府透明化、网络新型舆论环境、公民网络参与等都对权力的运行起到有效制约，公民网络参与成为我国政府反腐败的重要力量，且有不断增强的趋势（杜治洲、任建明，2011）。这篇文章首次出现在2011年，在之后的几年中被引量迅速达到134次，成为公民网络参与研究中被引量最高的论文。宋为和佘廉两位学者同样在2011年发表了一篇讨论公民网络参与对反腐败影响的论文。该论文发表在《政治学研究》上，被

表 1 高被引文献 Top10

序号	频次	年份	作者	题名	来源
1	134	2011	杜治洲、任建明	我国网络反腐特点与趋势的实证研究	《河南社会科学》
2	99	2010	顾丽梅	网络参与与政府治理创新之思考	《中国行政管理》
3	82	2008	徐家良、万方	公民网络参与的政府创新分析——以湖南"献计献策"活动为例	《中国行政管理》
4	71	2011	周葆华	突发公共事件中的媒体接触、公众参与与政治效能——以"厦门PX事件"为例的经验研究	《开放时代》
5	65	2009	魏娜、袁博	城市公共政策制定中的公民网络参与	《中国行政管理》
6	57	2008	陶建钟	我国网络政治参与的发展条件分析及前景展望	《学习与实践》
7	53	2011	宋为、佘廉	新时期我国腐败现象与网络反腐探讨	《政治学研究》
8	52	2009	张鸷远	论当前中国公民网络政治参与中暴露的问题及其对策	《理论前沿》
9	48	2000	汪虢寅	电子政府对公民政治参与的影响	《国家行政学院学报》
10	42	2010	杨成虎	公众网络参与若干问题探析	《云南社会科学》

引量为53次,在482篇文献中排名第七,也是一篇影响力较大的论文。这从另一个角度也体现出公民网络参与对反腐败的重要意义,正如宋为和佘廉(2011)所说:"信息公开与公民网络参与是重要的反腐机制。"

2. 公民网络参与是重要的政府创新形式

被引用量排名第二和第三的两篇论文认为,公民网络参与是政府创新的重要形式。顾丽梅(2010)将公民网络参与视为政府治理的创新,认为它会带来治理的理念创新、话语权创新、参与渠道创新等。徐家良和万方(2008)将公民网络参与看作是政府理念、体制、机制、技术等各种创新活动的集合,认为它是新型的公共权力运作,能够补充现实参与、强化讨论、提出有效建议、强化民主等。同时,公民网络参与会给公共政策制定过程带来创新。482 篇文献中被引量排名第四的是周葆华于 2011 年发表在《开放时代》上的论文。该论文以厦门 PX 事件为例，重点分析了公民网络参与如何影响政府政策制定过程，认为它可能意味着互联网带来政策过程创新（周葆华，2011）。魏娜和袁博（2009）也认为，公民网络参与能有效解决公共政策制定过程中公民参与不足的问题，最终会降低行政成本，提高政策决策质量。

3. 公民网络参与存在的问题

公民网络参与在带来政府创新的同时也存在许多问题。被引用量排名第六、第八和第十的三篇论文都在探讨公民网络参与存在的问题或带来的负面影响。陶建钟（2008）认为，公民网络参与可能面临数字鸿沟、公民文化制约、政府管制不当等问题。张鸷远（2009）认为公民网络参与存在无序性和网络话语权不平等等问题。杨成虎（2010）认为，我国公民网络参与存在"网络依赖症"，并认为这与我国公民参与公共事务和公共政策过程的长期缺位相关。我国公民网络参与存在的问题，既与制度层面长期的公民参与缺位相关，也与技术自身的缺陷相关。

（三）关键词共现分析

本研究用 CiteSpace 软件对 482 篇公民网络参与的文献进行了关键词共现网络分析。分析的时间段为 1997～2016 年，时间切片为 2 年①，节点类型为关键词，每个时间切片提取 top50 节点，选择 Pathfinder 和 Pruning the Merged network 对网络进行裁剪②，以降低网络密度，提高网

---

① "切片"就是数据分析的时间段，"切片为 2 年"就是指以两年为单位进行数据分析，即每 2 年提取一次节点。
② CiteSpace 提供了两种裁剪方法，分别是 Minimum Spanning Tree（MST，最小树法）和 Pathfinder Network（PFNET，寻径网络），用以降低网络密度，提高网络的可读性。其中 MST 的优点是运算简捷，能很快得到结果，而 Pathfinder 的优点是具有完备性，可以简化网络并突出其重要的结构特征，所以此次分析选择了 Pathfinder 的裁剪方法。此外，CiteSpace 还向用户提供了两种网络辅助剪裁策略，分别是 Pruning Sliced network（对每个切片的网络进行裁剪）和 Pruning the Merged network（对合并后的网络进行裁剪），由于 Pruning Sliced network 可能导致网络过于分散，所以本研究选择 Pruning the Merged network 裁剪策略。

络的可读性，最后得到关键词共现网络关键节点图（图2）。图2中的网络节点类型叫做引文年轮（Tree Ring History），代表关键词的出现历史，年轮的整体大小反映该词出现的次数，年轮的厚度与相应时间分区内该词出现次数成正比。关键词出现频次越高，关键词年轮就越大，节点标签也越大。除了频次之外，CiteSpace中还用中介中心性（Centrality）测量关键词的重要性。

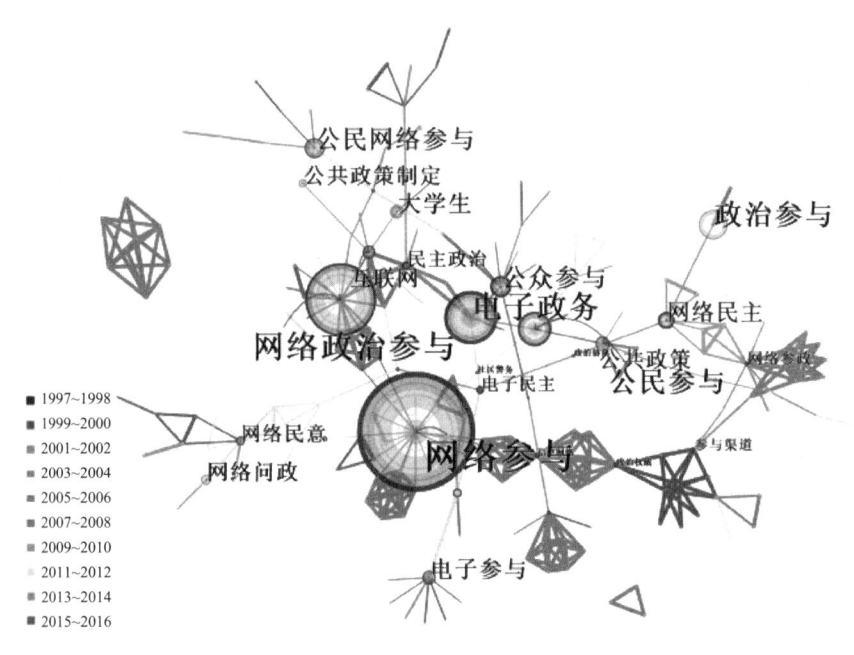

图 2　关键词共现网络关键节点图

表2列出了与"公民网络参与"相关的出现频次和中介中心性相对较高的关键词。从图2和表2中可看出，出现频次较高的关键词有"网络参与"（145次）、"网络政治参与"（90次）、"电子政务"（63次）、"政治参与"（46次）、"公民参与"（41次）等，这些词在公民网络参与研究中经常被引用。中介中心性取值较高的词是"网络参与"（0.71）、"电子政务"（0.5）、"网络政治参与"（0.4）、"公众参与"（0.35）等。这些词在该研究中，虽然出现的次数不一定最多，但是重要性很强，往往处在知识传播中的关键位置。

表2 高频且重要的关键词统计

频次	中介中心性	年份	关键词
145	0.71	2005	网络参与
90	0.4	2007	网络政治参与
63	0.5	2004	电子政务
46	0.02	2008	政治参与
41	0.32	2008	公民参与
28	0.11	2009	公民网络参与
28	0.35	2006	公众参与
24	0.02	2011	大学生
22	0.1	2005	电子参与
21	0.2	2009	网络民主
20	0.11	2008	公共政策
20	0.12	2008	互联网
19	0.02	2010	网络问政
17	0.01	2009	公共政策制定
14	0.15	2005	电子治理
14	0.2	2009	网络民意
13	0	2009	网络政治
11	0.26	2004	民主政治

1. 重点关键词出现频次的年度变化

图3是表2中出现总频次最多或者中介中心性最大的重点关键词出现频次的年度变化折线图。首先,"网络参与"和"网络政治参与"是出现频次高且中介中心性也较高的关键词。图3显示,这两个词有类似的变化趋势:2007年后出现频次逐年增多,2013年出现频次最多,之后出现明显下滑。"电子政务"的出现频次自2003年至2013年稳步增加,之后略有降低。和"电子政务"略有类似,"公民网络参与"从2009年出现之后频次不断上升,2013年达到最高的10次,之后也出现了下降。和这四个关键词不同的是,"公民参与"的出现频次在2009年达到最高点,之后有所下降。

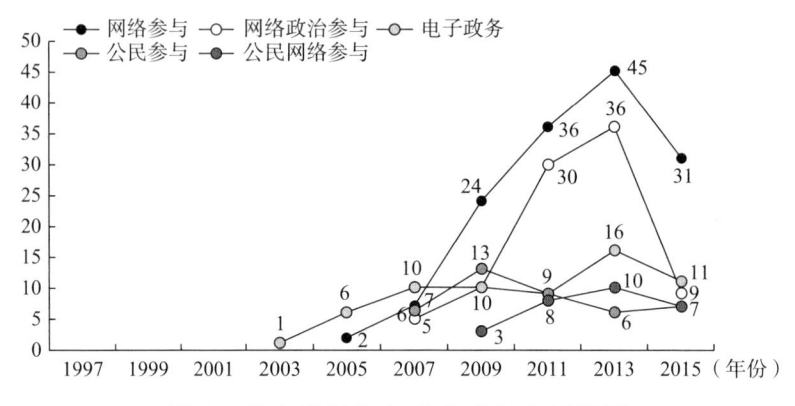

图 3 重点关键词年度出现频次折线图

2. 重点关键词共现分析

CiteSpace 用共现来反映关键词之间的关系，共现是指两个词同时出现在一篇文章里的情况。例如关键词 a 和关键词 b 同时出现在文献 1、文献 2 和文献 3 中，说明它们的共现次数是 3。词共现分析则是对两个词在文献中同时出现的次数进行统计，是通过出现次数来反映词语之间的亲疏关系和潜在规律的量化分析方法（Kostoff，1991；邱均平、王菲菲，2013）。图 2 中各个关键词节点之间的连线，代表两个词之间的共现关系，连线的粗细代表两个词共现次数的多少，连线的颜色代表两个词首次共现的时间。

本研究选择三种类型的关键词进行分析：第一类是出现频次高、中介中心性也高的词语。典型的是"网络参与"和"网络政治参与"两个词语，图 4 中标注的出现次数分别为 145 次和 90 次，并且两者的年轮较大，可见两者出现的频次都很高。同时，两者都有很多连线，说明有大量的词语都与这两个词出现在同一篇文章中，两者的中介中心性很高。例如，"网络参与"就曾与"从严治党"（1.0）、"信息化时代"（0.38）、"公共服务"（0.38）、"信息公开制度"（0.38）等多个词出现在同一篇文献中。图中两词间连线上的数值是对共现强度的测量，其取值范围在 0 到 1 之间（闭区间），取值越大说明共现的强度越大。第二类是出现频次较低但中介中心性较高的词语。以"电子政务"为例，从图 4 左下角可以看出"电子政务"与多个词语有共现关系，说明该词的中介中心性较高，与"民主政治"、"技术手段"等多词出现在同一篇文章中。但该词的年轮并不大，说明出现的总频次并不高。第三类是出现频次较高但中介中心性较低的关键词。以"政治参与"为例，从图 4 右下角可以看出，其出现的频次相对而言不算低，但与其连接的词语非常少，只有"治理策略"和"公共舆论"两个词曾与其出现在同一篇文献中，说明"政治参与"中介中心性较低，在公民网络参与的研究中重要性较低。

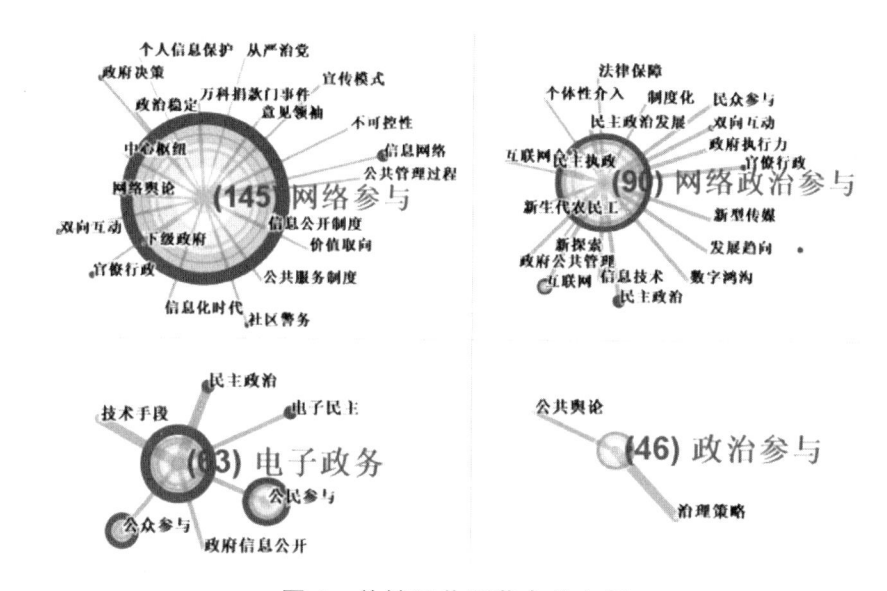

图 4　关键词共现节点放大图

（四）研究主题的时间变化分析

词共现分析可以根据关键词的共现关系来分析特定领域的研究主题，进而通过主题间的结构关系来透视出研究领域的研究热点（Rokaya, Atlam, &Fuketa et al., 2008），以及研究领域的发展过程和变化趋势（Garfield, 2004）。CiteSpace 提供的关键词共现时区图能够反映出某个研究问题的时间变化。如图 5 所示，根据关键词首次出现的时间，该关键词节点被设置在不同的时区中。节点之间的连线代表该关键词之间的共现情况，节点大小代表关键词出现的频数。某一时区中关键词节点越大越多，说明该时间段内相关研究越多。

从图 5 中可以看出，公民网络参与的相关研究于 2001 年左右开始，此时研究的主要关键词是"电子政府"、"参与渠道"等。2005~2010 年，公民网络参与的研究明显增加。早期出现的关键词在这段时间内被大量引用，同时出现了一些新的关键词。出现较多的关键词包括"网络参与"、"电子政务"、"政治参与"、"网络政治参与"、"公众参与"、"网络问政"等，反映出这个时间段内公民网络参与研究的主题更加多样化。2011 年之后的公民网络参与研究没有出现很多新的关键词，多为 2005-2010 年关键词的重新引用，同时关键词出现的次数也有所减少。这段时间内"网络反腐"、"新媒体"、"公民意识"、"互联网+"等成为出现次数最多的关键词。

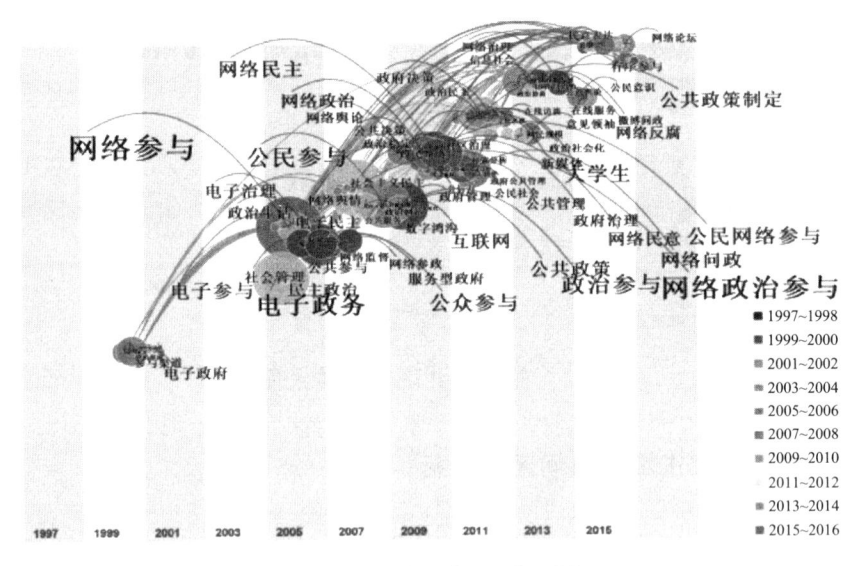

图 5 关键词共现时区图

（五）关键词共现网络聚类分析

CiteSpace 可以对关系紧密的多个关键词进行聚类，并自动生成标签来概括其研究的主题。图 6 是在图 2 关键词共现网络节点的基础上，采用对数似然算法（log-likelihood ratio，LLR）从关键词中提取聚类标签得到的。CiteSpace 用模块性（Modularity）Q 值来评价聚类的模块化效果。该值越大，表示聚类效果越好。当 Q>0.3 时说明聚类的网络结构是显著的，此处 Q=0.84，说明图 6 的聚类效果良好。

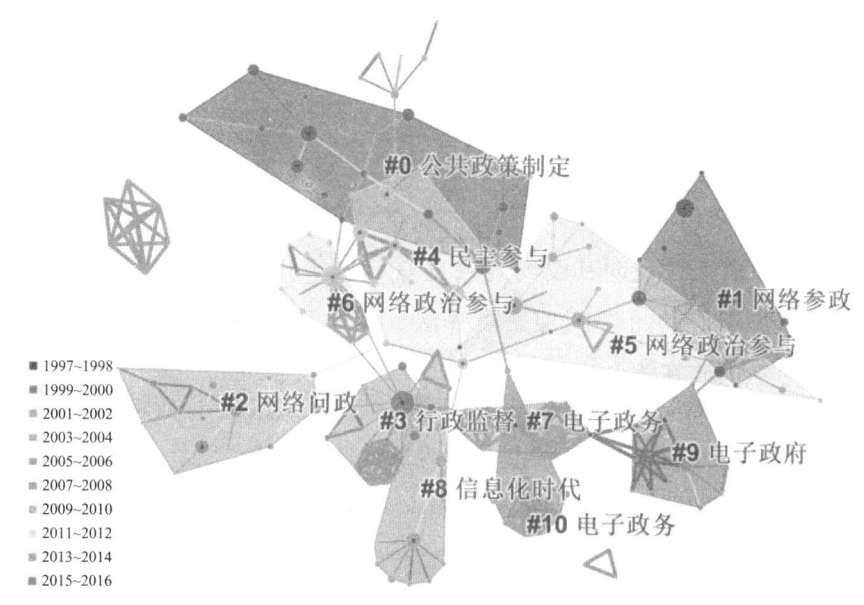

图 6　关键词共现网络聚类图

1. 关键词共现聚类图

图 6 显示，公民网络参与的相关研究集中在"公共政策制定"、"网络参与"、"网络问政"、"行政监督"、"民主参与"、"网络政治参与"、"信息化时代"、"电子政务"等聚类中。将图 6 和图 2 对照起来看，图 6 中，"公共政策制定"是由图 2 左上角的"公民网络参与"、"互联网"、"民主政治"等关键词聚类而成的。"网络问政"是由图 2 左下角的"政治参与"、"网络民主"等关键词聚类而成的。"网络参政"是由图 2 右上角的"网络民意"、"网络问政"等关键词聚类而成。"行政监督"是由图 2 中部的"网络参与"、"公民参与"等关键词聚类而成的。"民主参与"是由图 2 中上部的"网络政治参与"、"公众参与"、"公共服务"、"政治互动"等关键词聚类而成。"网络政治参与"

主要由图 2 右侧的"公共政策"、"信息网络"、"政治权威"、"参与渠道"等关键词聚类而成。

2. 关键词聚类表格

表 3 是更详细的聚类信息,包括聚类的编号、聚类中的文献数量、聚类的轮廓值,以及除了 LLR 聚类标签之外的 TF * IDF 标签和 MI 标签[①]。其中,轮廓值(Silhouette)是用来衡量某个聚类内部的同质性,即聚类的质量。该值越接近 1,表示聚类的同质性越高;该值为 0.7 时,表示聚类结果具有高信度;该值在 0.5 以上可认为聚类结果是合理的。表 3 中呈现的编号为 0 到 10 的聚类,可以看到这些聚类的轮廓值都达到 0.8 以上,说明其聚类效果良好。TF * IDF 标签和 MI 标签是与对数似然法类似的另外两种聚类算法,本研究将这两种聚类算法得出的聚类标签也放在表 3 中进行对比。

表 3　关键词共现网络聚类信息

聚类号	文献数量	轮廓值	标签(LLR)	标签(TF * IDF)	标签(MI)
0	23	0.871	公共政策制定	公民社会	公共管理
1	20	0.961	网络参政	网络主体	网络政治
2	17	0.92	网络问政	言论自由	网络参与
3	17	0.976	数字化信息技术	价值取向	网络参与
4	16	0.826	民主参与	大学生	电子政务
5	16	0.897	网络政治参与	公共政策	网络参与
6	15	0.968	网络政治参与	民众参与	网络政治参与
7	14	0.961	电子政务	信息网络	网络参与
8	13	0.966	信息化时代	政府网站	电子政务
9	13	0.916	电子政府	民主化程度	电子政府
10	10	0.939	电子政务	现代民主政治	公共管理

---

① TF * IDF 的全称为"词频权—重逆向文本频率权重"(Term Frequency-Inverse Document Frequency);MI 又被称为互信息(Mutual Information),两者与对数似然法(log-likelihood ratio, LLR)同为 CiteSpace 的三种聚类算法。

(六) 研究议题的进一步分析

根据表3中 CiteSpace 三种聚类的抽取结果，本研究从每种聚类中按照文献数量占总数量（482篇）的比例人工选取了52篇文献做进一步的文献分析。为了便于分析，表4对这52篇文献的研究问题进行了统计。如表4所示，这52篇文献讨论最多的是公民网络参与机制和政府对公民网络参与回应两个研究主题，分别有20篇相关文献。除此之外，有6篇文献探讨公共政策，3篇文献关注行政监督、3篇文献研究网络参与立法。本研究集中分析文献中对公民参与机制和政府回应机制的讨论。

表4　52篇文献的研究问题统计

单位：篇

主要研究主题	公民网络参与机制	20
	政府回应机制	20
	公共政策	6
	行政监督	3
	网络参与立法	3
	合计	52

1. 公民网络参与机制的研究

52篇文献中有20篇是讨论公民网络参与机制的，这些文献集中在公民网络参与形式和网络舆情两个研究问题上，下面是对部分代表性文献的简要介绍。

首先，对公民网络参与形式的讨论。张艾荣和黄宝荣（2008）将公民网络参与的形式分成单向沟通机制、双向沟通机制、联合沟通决策机制三个层级，并认为我国公民网络参与有不断提高的趋势。徐家良和万方（2008）以湖南"献计献策"活动为例表明公民网络参与是一种新的民主参与形式。魏娜和崔玉开（2011）从参与平台、参与主体、参与客体、参与过程、参与效果等方面对北京市三环新城社区公民网络参与的形式进行了分析，认为这可能是一种全新的城市社区治理和民主运作形式。顾丽梅（2010）也认为，公民网络参与是民主行政和社会治理的新形式，能够有效提高政府效率和透明度，是推动政府变革的重要力量。

其次，对网络舆情的讨论。移动互联网和新媒体的快速发展，使得网络舆情不同于传统舆情，具有传播速度快、影响大、范围广、大众参与等特点。张丽红（2007）认为网络舆情有利于网民发表政治言论，是一种直接民主的新形式，有利于网络民主化和网上民主监督。乔夏阳（2013）分析了网络舆情的"蝴蝶效应"，因为这种"蝴蝶效应"的突发性和不可预测性，可能对公权力形成制约，但是也会产生"网络谣言"等负面影响。李丁等（2015）以PX项目为例，分析了公民网络参与导致的网上舆情的形成过程，以及这种舆情效应如何影响政府的决策。

2. 政府回应机制研究

正如王金水（2012）所言，公民网络参与在一定程度上改变了传统科层政府的运行模式和权力格局，公民不再是单向被动地接收信息，而是积极参与到与自己利益相关的政策制定和执行过程中。张华等（2013）借用王绍光关于新时期中国政策议程六种模式的提法，认为公民网络参与影响公共政策议程的类型包括外压模式（网络偶发事件模式）、动员模式（专题型网络问政）和上书模式（留言板型网络问政）三种类型。通过分析惠州的案例，张华等发现政府的网上问政平台为公众参与提供了制度化渠道。翁士洪和顾丽梅（2012）探讨了在公民网络参与环境下，政府是如何回应民意的。他们将公民网络参与下的政府回应模式分成四种类型：鸵鸟模式（网民参与，政府不回应）、杜鹃模式（民意先发，政府被动回应）、蜂王模式（政府主动，民意部分参与）和鸳鸯模式（政府主导，政民高度互动）。在实际案例的分析中，翁士洪和叶笑云（2009）发现我国政府回应网络民意的最主要形式是杜鹃模式，即网络民意先发，政府被动回应的模式。与翁世洪等人的观点类似,李大芳(2011)也认为,我国政府目前对公民网络参与的回应仍然以被动回应和不回应为主。

(七) 研究质量分析

为了更好地了解当前公民网络参与的研究现状,本文对这些研究的主题和方法进行了初步的统计。如表5所示,这52篇文献中除了公民参与机制研究和政府回应研究这两个主要的研究主题外,也有学者关注公共政策、网络参与立法、行政监督等主题,但文献数量偏少。在研究方法方面,有2篇文献使用了定量研究方法,8篇文献使用了案例研究方法,42篇文献没有明确的研究方法,占比80.8%。这在一定程度上体现出,研究主题的多样性以及研究方法的规范性需要进一步提高。

表5 52篇文献的研究方法统计

		研究类型			合计
		定量研究	定性研究	无明确研究方法	
研究主题	公民参与机制	1(5%)	4(20%)	15(75%)	20
	政府回应	1(5%)	3(15%)	16(80%)	20
	公共政策	0	1(16.7%)	5(83.3%)	6
	网络参与立法	0	0	3(100%)	3
	行政监督	0	0	3(100%)	3
	合计	2(3.8%)	8(15.4%)	42(80.8%)	52

五 研究结论

随着信息技术的快速发展,公民网络参与在公共治理中将发挥越来越重要的作用。为了更好地了解当前公民网络参与的现状,本研究借助 CiteSpace 量化图谱分析软件对中国知网数据库中公民网络参与的相关文献进行了分析。研究首先根据公民网络参与概念的核心特征选取关键词，在中国知网数据库中搜寻相关文献作为本研究的数据源。其次，研究借助 CiteSpace 软件对获得 482 篇公民网络参与文献进行关键词共现网络节点分析、共现时间变化分析、共现聚类分析等，探讨公民网络参与相关研究的主题及其时间变化。最后，本研究借助关键词聚类分析结果，从 482 篇文献中按比例选取 52 篇具有代表性的论文进行传统的文献分析，研究发现多篇文献集中在公民网络参与机制和政府对公民网络参与回应这两个研究问题上，研究主题需要更加多元化，研究方法也有待进一步完善。此外，本研究也有一定的局限性。例如，研究只使用了知网数据库，收集到的文献并不多，外文文献并没有纳入此次研究的分析当中。未来的研究需要通过数据来源的进一步丰富从而更好地了解公民网络参与研究的现状及存在问题，从而促进该研究领域的发展。

参考文献

杜治洲、任建明，2011，《我国网络反腐特点与趋势的实证研究》，《河南社会科学》第 2 期。

奉国、李媚婵，2014，《基于 CiteSpace 档案学研究可视化分析》，《档案学研究》第 5 期。

韩增林、李斌、张坤领、李璇，2016，《基于 CiteSpace 中国海洋经济研究的知识图谱分析》，《地理科学》第 36 期。

胡宗仁，2010，《网络参与下的政府行为选择》，《中国行政管理》第 1 期。

高明、段卉、韩尚洁，2015，《基于 CiteSpace 的国外体育教育研究计量学分析》，《体育科学》第 35 期。

顾丽梅，2010，《网络参与与政府治理创新之思考》，《中国行政管理》第 7 期。

李婉、孙斌栋，2014，《西方经济地理学的知识结构与研究热点——基于 CiteSpace 的图谱量化分析》，《经济地理》第 34 期。

李峰、朱彬钰、辛涛，2012，《十五年来心理测量学研究领域可视化研究——基于 CITESPACE 的分析》,《心理科学进展》第 20 期。

刘俊婉、蒋丽娜、磊碧涵、王桐、侯林、王子钰,2014,《国际虚拟社区用户行为研究的知识图谱分析——基于 CiteSpace 和 VOSviewer 的计量分析》,《现代情报》第 34 期。

李丁、张华静、刘怡君,2015,《公众对环境保护的网络参与研究——以 PX 项目的网络舆论演化为例》,《中国行政管理》第 1 期。

辛伟、雷二庆、常晓、宋芸芸、苗丹民,2014,《知识图谱在军事心理学研究中的应用——基于 ISI WEB of Science 数据库的 CiteSpace 分析》,《心理科学进展》第 2 期。

秦小楠、卢小丽、武春友,2014,《国内生态安全研究的知识图谱——基于 CiteSpace 的计量分析》,《生态学报》第 34 期。

乔夏阳,2013,《公众网络参与中的"蝴蝶效应"》,《理论探索》第 4 期。

邱均平、王菲菲,2013,《基于共现与耦合的馆藏文献资源深度聚合研究探析》,《中国图书馆学报》第 3 期。

宋为、佘廉,2011,《新时期我国腐败现象与网络反腐探讨》,《政治学研究》第 2 期。

宋艳辉、杨思洛,2014,《国家视野下的图书馆学、情报学与档案学研究进展》,《理论研究》第 6 期。

陶建钟,2008,《我国网络政治参与的发展条件分析及前景展望》,《学习与实践》第 5 期。

汪虓寅,2000,《电子政府对公民政治参与的影响》,《国家行政学院学报》第 6 期。

王梓懿、沈正平、杜明伟,2017,《基于 CiteSpace 的国内新城镇化研究进展与热点分析》,《经济地理》第 37 期。

王绍光,2006,《中国公共政策议程设定的模式》,《中国社会科学》第 5 期。

王金水,2012,《网络政治参与与政治稳定机制研究》,《政治学研究》第 4 期。

魏娜、袁博,2009,《城市公共政策制定中的公民网络参与》,《中国行政管理》第 3 期。

魏娜、崔玉开,2011,《城市社区治理的网络参与机制研究》,《教学与研究》

第 6 期。

翁士洪，2014，《参与－回应模型：网络参与下政府决策回应的一个分析模型——以公共工程项目为例》，《公共行政评论》第 5 期。

翁士洪、顾丽梅，2012，《网络参与下的政府决策回应模式》，《中国行政管理》第 8 期。

徐家良、万方，2008，《公民网络参与的政府创新分析——以湖南"献计献策"活动为例》，《中国行政管理》第 4 期。

杨成虎，2010，《公众网络参与若干问题探析》，《云南社会科学》第 3 期。

张艾荣、黄宝荣，2008，《电子政务环境下的公民参与机制变迁研究》，《中国行政管理》第 8 期。

张华、仝志辉、刘俊卿，2013，《"选择性回应"：网络条件下的政策参与——基于留言版型网络问政的个案研究》，《公共行政评论》第 6 期。

张丽红，2007，《试析网络舆情对网络民主的影响》，《天津社会科学》第 3 期。

张鸷远，2009，《论当前中国公民网络政治参与中暴露的问题及其对策》，《理论前沿》第 12 期。

郑永年，2014，《技术赋权：中国的互联网、国家与社会》，邱道隆（译），东方出版社。

周金侠，2011，《基于 CiteSpace 的信息可视化文献的量化分析》，《情报科学》第 1 期。

Garfield E. 2004. "Historiographical Mapping of Knowledge Domains Literature." *Journal of Information Science*, 30（2）：119 – 145.

Kostoff R. N. 1991. Database Tomography：Multidisciplinary Research Thrusts from Co-word Analysis. International Conference on Management of Engineering and Technology. Portland, OR, USA, No. 4291439.

Metha, A. 2009. "'Fragmented Authoritarianism 2.0'：Political Pluralization in the Chinese Policy Process." *The Chinese Quarterly*, 995 – 1102.

Robbins, M. D., Simonsen, B. & Feldman B. 2008. "Citizens and Resource Allocation：Improving Decision Making with Interactive Web-Based Citizen Participation." *Public Administration Review*, 68（3）：564 – 575.

Rokaya, M., Atlam, E. & Fuketa M., et al. 2008. "Ranking of Field Association Terms Using Co-word Analysis." *Information Processing and Management*, 44 (2): 738 – 755.

Thomas, J. C., & Streib, G. 2013. "The New Face of Government: Citizen-Initiated Contracts in the Era of E-government." *Journal of Public Administration Research and Theory*, 13 (1): 83 – 102.

Yapeng, Z., & Cheng, J. Y. 2011. "The Emergency of Cyber Society and the Transformation of the Public Policy Agenda-Building Process in China." *China Review*, 153 – 181.

Zhang, X. L. & Zheng, Y. N. 2009. *China's Information and Communication Technology Revolution: Social Change and State Response*. London: Routledge, Taylor & Francis.

Zheng, Y. N. & Wu, G. G. 2005. "Information Technology, Public Space, and Collective Action in China." *Comparative Political Studies*, 38: 5.

Literature Review of Citizen Online Participation: A Quantitative Analysis Based on CiteSpace

Jinxu Zhao[1]; Shiyu Wu[2]; Zhenzhen Zheng[1]

(1. School of Government, Sun Yat-sen University;
2. School of Information Management, Sun Yat-sen University)

Abstract: In this study, a sample of 482 articles related to citizen online participation between 1997 – 2016 were collected through CNKI database and then analyzed with Citespace. Variant analyses have been adopted, including keywords co-occurrence analysis, cluster analysis, etc., to explore the research topics and their change in the past two decades. After that, we chose

52 representative articles to do a traditional analysis to better understand the topic, content, and research methods in citizen online participation research.

Keywords: Citizen Online Participation; CiteSpace; Literature Review

国内智慧城市的研究现状及展望

葛蕾蕾　侯为刚*

【摘要】 在2008年全球金融危机的大背景下，各国努力寻找新的经济增长点和城市治理的突破点。与此同时，大数据分析、信息技术的快速发展为城市的经济发展和功能提升创造了条件。2010年，IBM公司正式提出了"智慧城市"的愿景。智慧城市作为城市治理和建设的新途径，引起了国内学者的广泛关注。本文通过CNKI中国学术期刊网络平台，以"智慧城市"为篇名条件对国内学者的研究进行检索，同时对"智慧城市"的概念界定、研究现状进行了梳理和分析，并在此基础上对"智慧城市"未来的研究和发展趋势进行展望。

【关键词】 智慧城市；城市治理；大数据；电子政务

21世纪以来，世界人口迅速膨胀，城市化进程也以前所未有的速度发展，城市治理面临着人口密度大、交通拥堵、生态环境污染、城市公共安全维护压力大、能源资源日益枯竭等一系列危及人们生存与城

---

* 葛蕾蕾，女，国际关系学院公共管理系副教授，博士，研究方向：公共组织与人力资源管理。
侯为刚，男，国际关系学院行政管理专业本科生，专业方向：政府涉外管理。

市社会可持续发展的难题，世界各国都在努力寻找刺激经济发展的新增长点，为此也加快了信息技术发展的步伐。新一轮的信息技术发展为世界大城市的信息化、智能化建设提供了新的发展方向和趋势。智慧城市的概念应运而生。智慧城市是新一代信息技术革命和知识经济迅速发展的结合物。发展智慧城市，不仅是在工业化城市、信息化城市基础上对人类社会生存形式、发展模式的进一步探究和变革，更是希望通过新一轮的信息技术的研发和运用，努力解决当前城市发展存在的各种问题，从而促进各种有限的资源合理配置到各行业各领域的需求中来，提高资源能源的利用率，实现城市的可持续发展。近年来，我国出台了一系列的政策法规来推动智慧城市的建设。2012年，住房和城乡建设部颁发《国家智慧城市试点暂行管理办法》和《国家智慧城市（区、镇）试点指标体系（运行）》，这是我国中央政府提出的关于智慧城市建设的指导性文件，也是基于十八大提出的关于创新驱动发展、推动新型城镇化、农业现代化大背景下，加强新一代信息技术在城市规划、建设、治理、运作程序中综合指导性的法规政策。学界在关于智慧城市建设领域也展开了深入的研究和探讨，从社区治理、信息技术、科学数据、电子政务等多重理论视角来探究智慧城市建设中存在的问题及其未来发展趋势。总体上对国内智慧城市的认知和研究形成了基于信息技术、总结国外经验、国内智慧城市建设案例分析三种理论视角。这些理论研究成果对当前及未来智慧城市建设的规划布局、建设方向、发展趋势都有着举足轻重的作用。同时智慧城市建设过程中出现的各种问题，对检验和完善智慧城市的理论成果也发挥着重要的推动和促进作用。因此，随着智慧城市实践的不断推进和发展，对目前学界关于智慧城市的研究进行梳理和探讨是十分重要而又必要的。

一　智慧城市的概念界定

2008年11月，IBM公司提出"智慧地球"的概念。随后，IBM又提出"智慧的城市在中国突破"的战略，并与我国沿海地区的主要城市签订制定智慧城市发展战略的协议。自该公司2010年正式提出"智慧城市"愿景后，不同领域的专家学者尝试从不同角度对智慧城市进行研究和解读，国内各界对智慧城市的研究逐渐展开。通过CNKI中国学术期刊网络平台，以"智慧城市"为篇名条件进行检索，对相关文献进行了有效梳理后，笔者发现，2010年以来，关于智慧城市研究的文献数量一直呈上升趋势，总量达到17623篇。图1是2010~2016年知网平台关于研究智慧城市的文献数量。

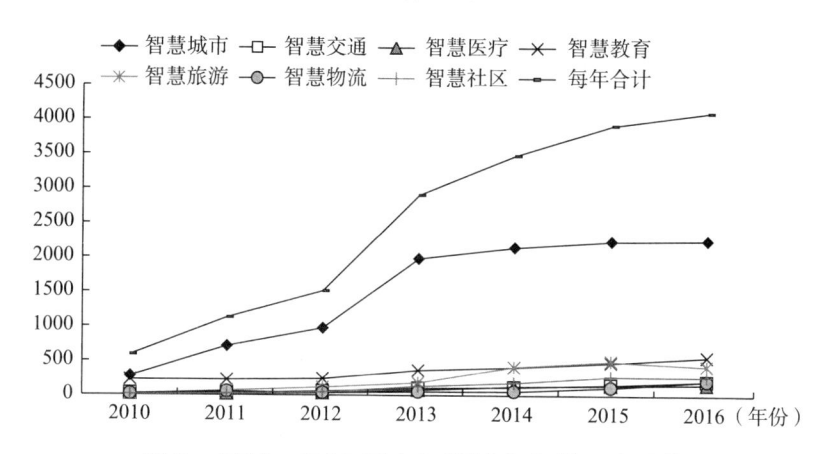

图 1　2010~2016 国内智慧城市文献研究趋势

检索发现，自2010年以来国内智慧城市文献研究在数量上呈逐年增长的趋势，表明学者对智慧城市的总体关注和研究保持着上升的态势。2012年智慧城市的文献数量猛增，智慧城市的研究逐渐成为学界热点，并始终保持着较高的关注度。经计算，国内平均每年以智慧城市为研究主题的文献达1511篇，这表明智慧城市作为一种新型的城市建设和治理模式，已走进更多群体的视野，也得到了更多学者的关注。同时，检索发现智慧城市是一个广泛的综合性概念，近年来随着智慧城市实践的深入，智慧城市的研究也逐步呈现了精细化的趋势。主要围绕交通、教育、医疗、旅游、社区服务、物流等领域展开，通过云计算、物联网等数字服务系统的对接和运用，促进城市不同领域的智能化。因此，学界除了对智慧城市的综合性研究外，智慧城市的研究领域开始具体涉及交通、医疗、教育、旅游、物流、社区服务等六个方面，其中智慧旅游和智慧教育的研究成果较为丰富。通过这几个领域相关文献的归纳比较，可以发现城市不同领域建设的智能化发展程度的差异性。总体上看，对于智慧城市进行综合研究的文献，仍占据智慧城市相关研究总体的大多数，比例达60%。因此，对国内智慧城市研究现状进行梳理和总结，仍需要从整体上对智慧城市的概念界定、研究视角和研究问题进行梳理、归纳和总结，为我国未来智慧城市的研究和实践提供支撑。

（一）智慧城市的概念界定

21世纪是信息技术主导的时代，任何关于智慧城市领域具体项目的开发和建设，都离不开信息技术这一硬性条件的支撑。如何把各项信息技术理论及其研究运用到智慧城市各领域的规划建设中去，对其功能运用需要很强的战略规划能力和思维。与此同时，信息技术的研发运用要有总体的价值理念引导，需要始终围绕以人为本的理念推动智慧城市的各项建设。关于智慧城市的概念，当前学者主要从信息技术、城市功能、人本要素三个维度进行探讨。

1. 信息技术的维度

从信息技术层面来界定智慧城市，学者们主要从信息技术在智慧城市建设中的基础性地位的角度，提出信息技术的具体应用方式和实践领域以及技术所能产生的社会经济效益。李德仁院士提出智慧城市是建立在数字城市的基础框架上，通过无所不在的传感网将它与现实城市关联起来，将海量数据存储、计算、分析和决策交由云计算平台处理，并按照分析决策结果对各种设施进行自动化控制（李德仁等，2014）。该概念强调运用信息技术对城市各领域的数据进行智能处理和智能传达，以物联网的信息感知和接收能力与云计算的信息处理能力为载体，提高城市的智慧服务能力和水平。杨红艳（2012）提出未来的智慧城市是城市信息化3.0，是一种基础设施高端、管理服务高效、产业生机勃勃、环境智慧友好、未来特质明显的新型城市形态。这主要强调了城市经济产业、政策服务、社区治理、生态保护的感知化、智能化，侧重信息技术在城市建设各领域、各层次的基础性地位。复旦大学李重照认为从数字城市、智能城市、网络城市到以光通信、无线互联网、三网融合、物联网、云计算为主要支撑技术的智慧城市，都是以信息技术为基础，将物联网与互联网系统完全连接和融合，把数据整合成城市核心系统的运行要素，提供智慧的基础设施，通过传感设备将城市公共设施物联成网，实时感测城市系统的运行（李重照、刘淑华，2011）。该概念强调了数据信息的链接与整合在城市功能系统运行中的作用。上述几位学者都是从信息技术层面来解读智慧城市的内涵，强调网络信息对智慧城市建设的技术基础性作用，而在信息技术的运用维度、城市规划建设的作用等方面的关注和研究存在着差异。

2. 城市功能定位的维度

从城市功能定位角度来解读智慧城市，学者们强调如何将信息技术及其最新设备灵活运用到城市居民生活、社区治理、生态保护等各领域，突出互联网、云计算等新一代信息技术在城市运行中的功能和作用。智慧城市是以智慧技术高度集成、智慧产业高端发展、智慧服务高效便民为主要特征的城市发展新模式，可以说智慧城市是继工业化、电气化、信息化之后，世界科技革命的又一次新突破。该维度侧重以城市的功能运用为导向的概念划分，代表性的观点有辜胜阻教授提出的，智慧城市建设，实质上是一场以技术创新引导的城市经济社会发展、生产生活方式的变革，是经济发展模式创新在特定空间上的具体体现（辜胜阻等，2013）。该概念强调了城市功能规划、运行的方式转变。杨再高认为智慧城市的核心是以一种更智慧的方法通过利用物联网、云计算等为核心的新一代信息技术来改变政府、企业和人们相互交往的方式，对包括民生、环保、公共安全、城市服务、工商业活动在内的各种需求做出快速、智能的响应，提高城市运行效率，为居民创造更美好的城市生活（巫细波、杨再高，2010）。这一概念主要是基于城市建设中各领域、部门的功能实现互联互通提出来的。王辉指出，智慧城市的核心思想是充分运用信息技术手段，全面感测、分析、整合城市运行核心系统的各项关键信息，并对城市管理和服务、工商业活动、居民生活等各层次需求做出智能响应，为城市管理部门提供高效的城市管理手段，为企业提供优质服务和广阔的创新空间，为市民提供更好的生活品质（王辉等，2010：4）。这一概念的界定从功能运用的角度强调发挥更好的衔接物理信息技术和城市居民生活、生产服务等领域的桥梁作用。上述观点从功能运行的角度强调智慧城市在推进城市经济发展、社会治理、生态环保等空间领域基础设施建设的同时，注重推动城市各领域、各环节的资源充分整合，实现信息联系渠道的畅通，加快城市政府的各职能部门之间的协同运作。

3. 人本要素的维度

城市发展所面临的一切问题，归根结底都涉及"人"的问题。坚持这一维度的学者们更多地关注智慧城市建设中人的主体地位和价值，呼吁智慧城市建设规划更多地要考虑和回应市民的实际需求。技术进步只是实现智慧城市的一个重要前提，如何使技术带给人类更智慧、更美好、可持续的生活，才是智慧城市的核心价值。IBM公司提出，智慧城市就是在城市发展过程中，在其管辖的环境、公用事业、城市服务、公民和本地产业发展中，充分利用信息通信技术，智慧地感知、分析、集成和应对地方政府在行使经济调节、市场监管、社会管理和公共服务政府职能的过程中的相关活动与需求，创造一个更好的生活、工作、休息和娱乐环境（IBM商业价值研究院，2009）。从人本要素的视角来探析智慧城市概念，其中具有代表性的观点有学者赵大鹏提出的，智慧城市是以城市的生命体属性为基本视角，以运用新一代信息技术为基本手段，以全面感知、深度融合、智能协同为城市运行的基本方式，以提高城市公共管理和公共服务的效益为基本目标，以实现城市可持续发展和为人类创造美好城市生活为根本目的的信息社会的城市发展形态（赵大鹏、张锐昕，2012：49 - 53）。该概念的界定在一定程度上是对

IBM公司提出的"智慧地球"这一概念的延伸,主要从人本要素来界定智慧城市强调通过全面感知、充分整合、协同运作,促进信息资源的激励创新与共享,从而实现智慧市民生活的便利化。智慧城市的建设要直接或间接促进人的发展,在促进市民实现人生价值的同时,也要实现城市自身建设的价值目标。智慧城市的规划愿景必须以市民实际生活需求为导向、坚持以人为本的原则,建设生态宜居的生活环境。转变城市规划发展理念,就要重新对城市治理的主体进行价值定位,从以人为本的角度来审视和界定智慧城市的概念,这不仅逐渐成为许多学者研究智慧城市的理论着手之处,也是城市政府制定公共政策、进行城市治理的立足点和出发点。

(二) 三种概念界定视角的比较

1. 各概念界定视角的差异

从信息技术层面来界定智慧城市,侧重强调信息技术在智慧城市建设过程中的基础性作用,表明信息技术是智慧城市规划的工具和手段,也从侧面反映了信息技术在智慧城市中的运用领域和方式。目前国内学者大多从这一视角来研究和探讨智慧城市。从城市功能运行角度来看,这种视角对智慧城市的解读更为细致、具体,侧重强调基于新一代信息技术在社区居民生活、工商业活动、城市管理与服务等领域的需求如何智能地回应,以促进城市不同领域间的互联互通、资源整合与共享。从人本要素角度来认识智慧城市,主要侧重考虑城市发展和建设的价值回归性问题,这种对人的价值在现代社会中的重新认识和慎重考虑符合未来城市治理的目标和方向。近年来,倾向从该研究视角来认识智慧城市的学者也逐渐增多。

2. 各概念界定视角的局限

信息技术角度的界定揭示了智慧城市的本质就是运用先进的技术,使城市的管理和服务更加智慧化,但过多地从技术角度看待智慧城市,忽略了信息技术如何在城市建设各领域具体运作的阐述和说明,没有突出市民在智慧城市建设过程中的实践主体地位和价值主体地位。城市功能定位角度的界定，一定程度上是对信息技术角度界定的深化，将信息技术和城市具体建设的内容相结合，但智慧城市各领域的每项工作，都是由具体的职能部门或单位来承担，这一视角未重视各城市主体在市政规划、资源利用等领域需要哪些合作路径与协调机制。人本要素角度的界定，过度强调了市民在智慧城市建设中的主体价值性，呼吁创造适宜市民生活的环境，没有考虑人作为智慧城市建设主体所应承担的责任，也忽视了城市规划和建设过程中各社会主体的协作沟通问题。

总的来说，信息技术角度的界定更多地停留在对信息技术的介绍与运用层面，简单地从纯技术角度来探讨智慧城市；人本要素角度的界定更多地带有一种理想化的色彩，没有具体考虑当下智慧城市建设的实际问题及状况；而城市功能运行的角度以创造更美好的城市生活为目标，突出了信息技术在城市建设各领域的基础性地位及其实际运用，但就各领域、部门之间互联互通的合作机制建构以及其风险成本评估而言，缺乏进一步的思考。

二 智慧城市的研究视角

智慧城市的发展是伴随着其概念产生、丰富而不断推进的。关于国内智慧城市的研究视角，主要可以概括为信息技术、国外经验介绍和国内智慧城市实践三种。

（一）基于信息技术的研究视角

国内关于智慧城市的研究主要从信息技术层面来探究。李德仁、许庆瑞、袁文蔚和郑磊等学者主要从信息技术及其创新方面提出了对智慧城市的理解并探究了其发展模式。智慧城市的发展主要以计算机、ICT、互联网等信息技术为原动力。李重照和刘淑华（2011）认为"从数字城市、智能城市、网络城市到以光通信、无线互联网、三网融合、物联网、云计算为主要支撑技术的智慧城市,都是以信息通信技术为基础,将物联网与互联网系统完全连接和融合,把数据整合成城市核心系统的运行要素,提供智慧的基础设施,通过传感设备将城市公共设施物联成网,实时感测城市系统的运行"。同时,学者王广斌也提出 ICT 是促进智慧城市建设的直接驱动力,ICT(Information and Communication Technology),即信息和通信技术,是电信服务、信息服务、IT 服务及应用的有机结合,主要包括智能识别、移动计算、云计算、信息融合、人工智能、数据挖掘以及互联网、物联网等技术(王广斌等,2013)。两种说法都是从信息技术这一大的思维框架对智慧城市的构成、发展模式进行分析。当前学界从信息技术层面探讨智慧城市建设主要强调信息技术在城市基础设施规划、发展中的基础性功能;同时有部分学者呼吁要加快开发信息技术的经济效益,努力将信息技术发展成为带动经济产业转型与升级的动力引擎;也有人提出信息技术的安全防控问题,唯有建立强大的信息安全防控保障系统,才会提高对国外信息资料的收集、整理、传输的效率和质量,更能有效防止和监控本地区信息资源的泄露和流失。

(二)基于国外经验总结的研究视角

国外由于知识经济、信息产业起步较早,其对城市发展的新型模式探究也早于我国。国内学者主要基于我国智慧城市建设的实践需要,对国际社会智慧城市的关注和研究力度逐渐增强。近年来,国内学者对国际智慧城市建设关注的地理范围主要集中在美国、日本、韩国,以及西欧等国。主要以美国、日本,以及西欧各国的城市建设的实践历程作为梳理对象,阐述了主要发达国家或地区在促进城市发展转型的过程中,较早地利用"智慧城市"这一新型发展形态有效推动城市治理与服务方式、理念的变革。

在国外智慧城市建设的具体实践应用领域中,国内学者在基于上述主要地理区域范围内的城市,以某一城市的某一具体实践领域进行阐述。陈伟清主要通过佛罗里达州的智慧电网、马德里的智慧交通、米尔海姆的智慧建筑、维也纳的智慧城管、新加坡的智慧政府以及首尔城市建设的信息化这些不同的应用领域探究国外智慧城市建设的具体状况（陈伟清等，2014）。亚洲国家智慧城市建设主要关注智能型、服务型政府的塑造，西欧国家主要强调通过大数据分析来推动城市医疗服务、交通运输等基础项目的建设。李灿强从美国政府不同部门出台的政策文件的角度，来分析政府在智慧城市项目中关注的重点，主要集中在创建物联网应用平台，开发新的跨部门协作模式；与民间科技组织合作，打造城市间的合作与国际合作；充分利用联邦政府已经开展的工作等领域。政府主要通过采取构建智慧城市的研究基础设施这一措施来推动智慧城市的建设（李灿强，2016）。

国外智慧城市建设实践中所得出的经验启示，主要是围绕智慧城市建设的主线以人为本，同时重视加强基础设施的智慧化和安全保障体系建设来促进城市的可持续发展。把智慧城市建设的人本要素摆在首位，同时强调智慧城市作为一种新型的城市发展形态对当前我国城乡一体化建设、城乡可持续发展的借鉴意义。面对当前国内智慧城市规模性、批量性的发展进程，智慧城市建设需要从试点开始，再逐步推广。在互动参与的过程中，突出各项特色，实现优势互补。

从目前总体研究现状来看，国内学者对国外智慧城市的研究可从三个方面加以概括：关注智慧城市建设所在的地理国家；关注研究具体的实践应用领域；从国外智慧城市建设实践中得出经验与启示。然而关于国外智慧城市建设的主要国家和地区，国内学者对同一领域间智慧城市建设项目缺乏横向比较，对同一国家不同等级城市间的智慧城市建设体系也缺乏深入的纵向比较和研究。

（三）基于国内智慧城市实践的研究视角

从前面查阅的相关文献可以看出，学者们对国内主要智慧城市实践案例做了大量的深入研究。许庆瑞基于技术创新与战略管理的研究背景，对宁波智慧城市的建设做了一定研究，发现宁波充分利用现代信息通信技术的同时，还强调积极汇聚人的智慧，赋予物以智能，使汇集智慧的人和具备智能的物互存互动、互补互促，以实现经济社会活动最优化的城市发展新模式和新形态（许庆瑞等，2012）。这强调了宁波城市建设注重各主体的参与和互动，优化信息资源流通模式和渠道，以促进宁波市发展形态的升级。宋刚、邬伦基于地理信息科学、数字城市的研究背景，以北京城管信息化建设为例，认为智慧城市的实践是基于数据信息的融合应用，从而促进城市的可持续发展（宋刚、邬伦，2012）。该研究主要强调城市规划实践要以创新推动发展，注重市民的信息体验与反馈，突出了以人为本的社会公共价值。李春佳在研究北京智慧城市建设途径中，概括了北京智慧城市建设的主要内容：城市技术智能化、城市环境智慧化、市民知识化（李春佳，2015）。既看到了信息技术在智慧城市建设中的基础性地位，也强调了信息技术在城市各领域中的应用，最后突出了北京城市规划中市民的主体价值因素。王红霞分析了北京智慧城市建设现状，从整体上看北京智慧城市建设与国内外大城市进展相似，同样处在理论与技术研究及应用提升的建设阶段，依照顶层设计，逐项展开进行（王红霞，2015）。该研究强调了加强顶层设计的科学性和重要性，说明政府需要及时出台信息政策作为长期有效指导，以防止重复建设、投资浪费等现象的发生。陈柳钦和沈明欢的观点类似，都认为智慧城市建设的核心是要利用信息技术的研发与应用，推动城市经济转型和职能转变。透过数据感知、衡量、反馈，市民能体会到各行业领域渐趋智能化（胡小明，2015）。

总的来看，无论是基于信息技术、国外经验介绍，还是国内智慧城市实践案例分析的研究视角，大部分学者对信息技术在智慧城市建设中的基础性地位及其经济效应持肯定态度。同时，在介绍国外和国内智慧城市建设的实践经验时，主要选取发达国家或地区的主要城市作为分析案例。由于这些学者主要基于自己的学科背景、研究方向，从某一视角展开分析或运用某一研究方法进行研究，难免存在一定程度的研究偏好，在一定程度上容易产生因分析方法和研究视角不全面而造成偏差，不利于多学科的交叉融合以及多维度的对智慧城市进行深入认识、全面比较和系统反思。

三 基于 CNKI 中国学术期刊网络平台的智慧城市文献数量分析

为了更加深入地了解当前学界对国内智慧城市的研究状况，基于前文关于智慧城市概念的探讨和智慧城市不同研究视角的比较分析，需要进一步对国内智慧城市研究文献进行数量分析，以更好地发现目前国内智慧城市研究在不同层面存在的差异、不足及各自的优势，为后续的相关理论研究提供参考与借鉴。通过 CNKI 中国学术期刊网络平台，输入关键词"智慧城市"进行检索，截至 2016 年年末，共计有效文献 2246 篇。笔者分别从不同学科、研究层次、研究机构、主要基金、文献数据库来源五个方面进行分类统计并相应地绘制成柱状图和饼状图，从中可以比较直观地看出国内智慧城市研究的现状、特点和差异。

从不同学科的文献数量上看，智慧城市的学科研究偏重于可持续性发展和经济领域。涉及的具体学科包括宏观经济管理与可持续发展、信息经济与邮政经济、计算机软件及计算机应用、建筑科学与工程、电信技术等，这表明智慧城市是一个多学科交叉综合的研究领域。当前智慧城市建设与"互联网+"为主的新一代信息技术息息相关，信息技术为推动智慧城市的可持续发展，实现资源的自由共享与整合提供了进一步的可行性（韩兆柱、马文娟，2016）。国内大部分学者都看到了信息技术在智慧城市建设中的基础性地位及其对城市经济产业结构改造升级的促进作用；而与智慧城市政策支持、战略规划、功能定位等息息相关的社会科学和人文学科的研究成果相对较少，行政学和行政管理学科对智慧城市的研究也处于发展的初级阶段。这在一定程度上决定了当前国内智慧城市的研究主要基于信息技术的现状，难以避免研究视角的单一化。

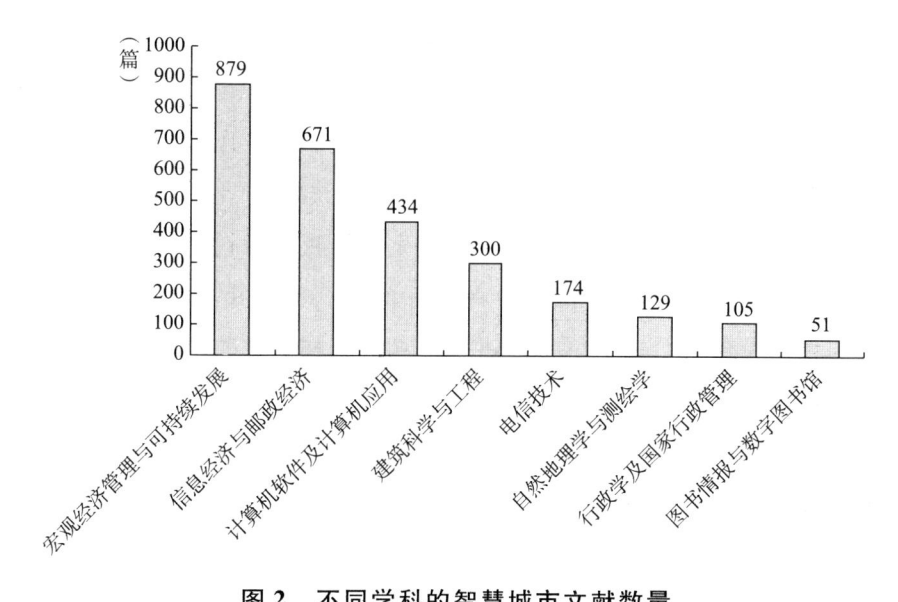

图 2 不同学科的智慧城市文献数量

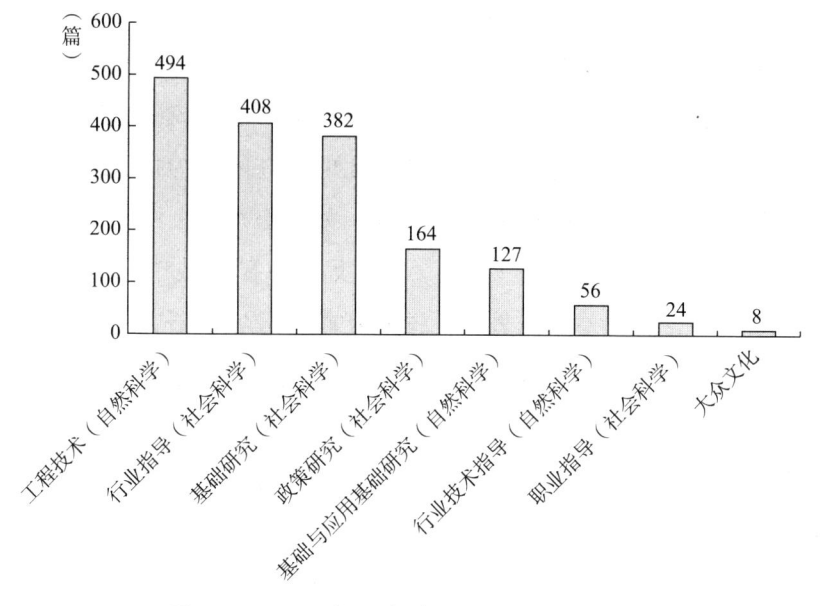

柱状图数据：
- 宏观经济管理与可持续发展：879
- 信息经济与邮政经济：671
- 计算机软件及计算机应用：434
- 建筑科学与工程：300
- 电信技术：174
- 自然地理学与测绘学：129
- 行政学及国家行政管理：105
- 图书情报与数字图书馆：51

图 3 不同研究层次的智慧城市文献数量

柱状图数据：
- 工程技术（自然科学）：494
- 行业指导（社会科学）：408
- 基础研究（社会科学）：382
- 政策研究（社会科学）：164
- 基础与应用基础研究（自然科学）：127
- 行业技术指导（自然科学）：56
- 职业指导（社会科学）：24
- 大众文化：8

从不同研究层次的文献数量上看，智慧城市的研究体现了交叉学科的研究思维与方法，涉及自然科学、社会科学以及二者交叉的研究领域。具体的研究层次主要涉及工程技术、行业指导、基础研究、政策研究等，这些研究层次占全部研究文献数量的86%。由于当前国内智慧城市的研究主要基于信息技术、大数据等自然科学理论，这就为信息工程技术在智慧城市研究领域提供了一定的空间，基于信息工程技术研究层次的文献数量达到29.7%。同时，也有一部分学者主要从城市功能的运用、为城市居民创造宜居的城市生活等视角来讨论智慧城市，主要针对城市建设过程中存在的各种实际问题，为城市不同行业领域的发展提供政策建议，以更好地促进城市功能结构的调整与运转。对这类智慧城市的研究往往更加注重学科的基础性与实践应用性，其研究成果的实践性较强，主要用于城市建设的政策建议和行业指导的途径，这两类研究层次的文献数量比例共占59%。这说明虽然目前国内智慧城市的研究以工程技术等自然科学为依托，但其研究成果仍要与政策研究相结合，需落实到具体的行业实践的指导中。

从不同研究机构的文献数量来看，国内智慧城市研究单位主要集中在重点高校，其文献研究数量较多的单位主要有武汉大学、同济大学、北京邮电大学、北京大学等。这些高校主要以本校的遥感信息研究院、地理信息研究基地等优势学科和强大的研究团队为依托，在智慧城市的研究领域享有较高的声誉和话语权。整体上来看，东部地区的高校对智慧城市研究和关注程度较高，这也反映了智慧城市建设和理论研究呈现出一定的地域差异。另外，国脉互联智慧城市研究中心、中国大数据与智慧城市研究院、中国社会科学院信息化研究中心等智库及政府科研事业单位在智慧城市研究方面做得比较出色。

从依托主要基金发表的文献数量上来看，国家自然科学基金资助的比例最高，达到36%，国家社会科学基金资助数量紧随其后，达到29%。国家自然科学基金和国家社会科学基金对智慧城市研究资助比例占总文献量的2/3，其他国家级的科学基金对智慧城市研究项目的投入和扶持也占有一定的比重；而各地方政府对智慧城市的科研项目资助比例相对较少。智慧城市作为国家推进城市治理现代化的重要途

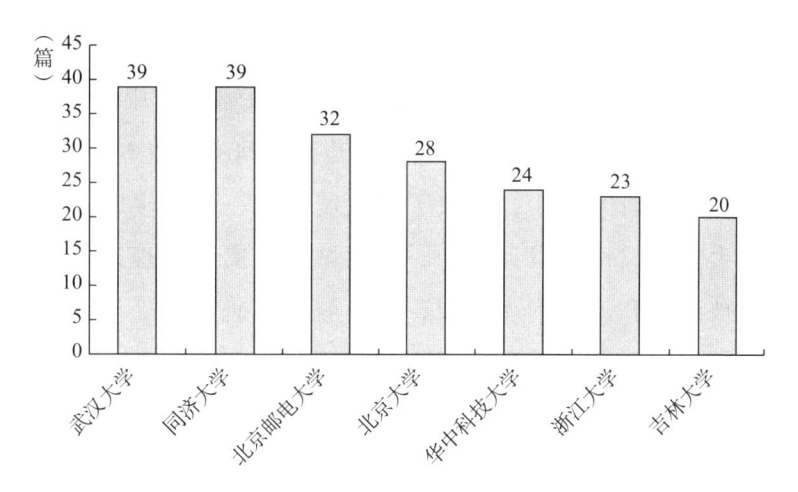

图4 不同研究机构的智慧城市文献数量

径，近年来得到了国家的高度重视。这一定程度上会提高国家级的科学基金项目对智慧城市研究的关注程度和资助比重；而地方政府由于财政压力和地方事务治理的复杂性，对智慧城市研究的关注和扶持力度也相对有限，这也反映了地方层面智慧城市相关实践和研究的相对滞后性。

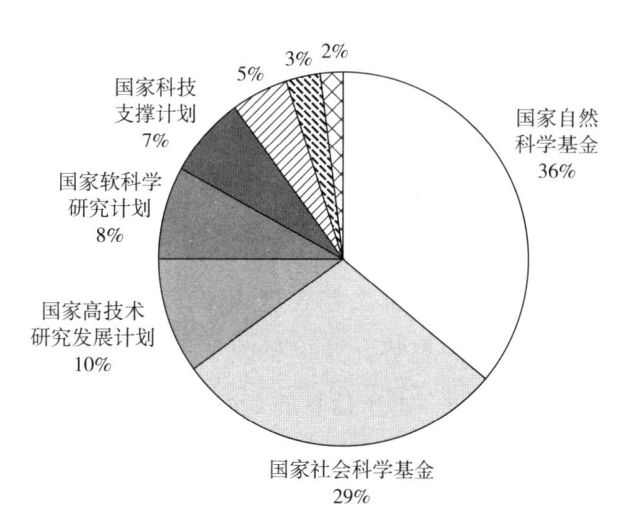

图5 不同基金资助的智慧城市文献数量

从各数据库来源的文献数量上看，中国学术期刊网络出版总库基本独揽全部，表明当前国内智慧城市研究成果主要通过学术期刊发布，关于智慧城市研究的学术交流和问题探讨也主要通过发表学术论文的渠道和形式展开。另外国内、国际重要会议论文数据库中的相关文献数量较少，反映了当前社会对智慧城市的建设和研究议题讨论频次不高。学位论文的相关研究甚少，反映了智慧城市这一研究主题只是进入了少数研究生的学位论文设计之中，智慧城市的实践和理论研究在这一群体中的被认可和接受程度有限，智慧城市的研究仍处于初期的探索性研究阶段，没有进入到成熟的系统研究阶段。

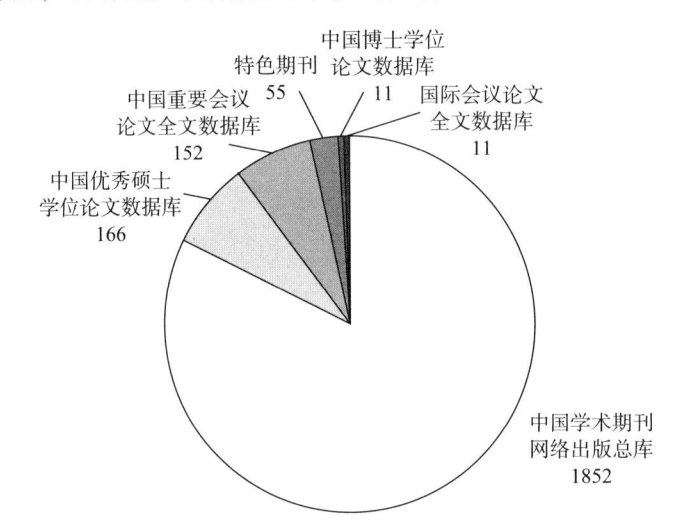

图 6　不同数据库来源的智慧城市文献数量

从上述不同层面的智慧城市文献数量比较分析中可以看出，当前国内智慧城市研究在各领域都表现出数量上的极化差异。这种差异是通过同一层面文献悬殊的数量之差表现出来的，体现了智慧城市研究在同一领域有着不均衡的态势。这也反映了不同的研究主体对智慧城市研究所掌握的信息不同，由于信息的获取、理解、判断等不对称，在一定程度上影响了不同群体的研究成果和结论。

四　国内智慧城市研究中的问题

通过梳理智慧城市的概念界定、归纳国内学者对智慧城市的研究视角和分析国内智慧城市相关文献的整体趋势，笔者发现，国内智慧城市研究中主要存在概念界定不清、研究视角局限、研究方法单一的问题。

（一）概念界定不清

对于智慧城市概念的界定，学者们主要从信息技术层面、城市功能运行层面、人本要素层面进行解读，基本上能对智慧城市及其相关领域有总体性的认识。但其中存在两大突出问题：其一，智慧城市的基本概念界定不够清晰，容易导致人们对智慧城市的认识模棱两可。有学者指出，智慧城市是数字城市、智能城市的升级版。但是，智慧城市与数字城市、智能城市等类似概念的区别和联系并没有阐释清楚。其二，智慧城市基本概念界定的不统一，在很大程度上会影响或误导人们对于智慧城市的理解，影响后续智慧城市相关研究和实践的开展。

（二）研究视角局限

目前国内智慧城市发展现状的研究视角存在的问题主要有：其一，过分强调某种单一要素，如过分强调信息技术在智慧城市中的实际运用及其潜在的经济效益，往往忽视了信息技术运用背后的网络安全规范整治、市民隐私保护等一系列需要防范的问题。当前国内智慧城市理论研究仍聚焦如何促进产业结构调整、信息资源整合、提高经济效益层面，对涉及城市治理的信息安全防控、私人信息的保护内容缺乏前瞻性的规划、考虑。其二，关注的领域不够全面，对智慧城市相关领域的描述有交叉重叠之处。当下我国智慧城市建设框架应是政府主导、社会负责、公民参与的三维建构体系，而大多数学者更多关注的是智慧城市的社会运用层面，对智慧型的政务系统开发运行机制、智慧型的公民参与机制的研究和关注甚少。其三，研究国内智慧城市主要是通过案例分析，搜集相关文字信息加以整合、阐述，缺乏相应的数据论证过程，缺乏建构相应的统计分析模型等实证方面的研究。

(三) 研究方法较为单一

当前从事智慧城市理论和建设研究的专家学者们的学科背景主要是计算机信息工程、地理遥感系统、电子政务、城市规划与管理、公共管理、城市经济等。由于学科背景和研究领域的差异，少数具有工科学术研究背景的学者侧重从信息技术层面去分析智慧城市建设的信息基础设施、新一代信息设备研发与运用、信息安全防控体系的设置等问题，对智慧城市实践的案例分析不够，很少与智慧城市的政策意义和居民需求相联系。而以人文社会科学方法为研究基础的学者们大都偏向个案研究，通过关注、介绍国外发达国家城市规划、国内主要智慧城市建设的案例，概括和描述智慧城市建设的基本状况，缺乏科学严谨的数据分析作为支撑，一定程度上带有主观臆断的局限。

五 国内智慧城市的研究趋势及展望

智慧城市是继工业化、电子化、数字化、信息化之后的一种新型城市化发展形态，未来有着广阔的发展前景。基于前文对国内智慧城市研究现状的分析和存在问题的探索，笔者认为，未来我国智慧城市研究将呈现如下趋势。

(一) 明晰智慧城市的概念界定

目前，智慧城市与类似的概念（如智能城市、信息城市、数字城市等）间尚没有形成明确的区分和界定，智慧城市也没有形成让大多数人接受的权威性概念。这在一定程度上说明智慧城市概念界定等基础性研究仍有很大的发展空间，在这一研究领域仍有众多可期待性成果，这也将是未来智慧城市理论研究的重要内容。随着智慧城市建设的进展和学术研究的深入，相关的理论研究和研讨活动也会更趋频繁。在目前智慧城市的研究基础上，学术界和实践界对智慧城市的认识将会更加准确、深刻和全面。此外，由于城市管理的范围和业务量不断增多，城市运行功能的形态和模式也在发生微妙变化，理论界对智慧城市不同功能的概念界定、特征区分也会更加清晰，逻辑性更强。

（二）融合智慧城市的研究视角

大数据、互联网等新一代信息技术仍是未来智慧城市研究的基本要素。智慧城市是城市信息化发展过程的一个阶段，随着智慧城市实践的进一步展开，国内学者对信息技术及大数据应用在智慧城市中所发挥作用的认识会更加深刻、全面，对涉及政务安全、市民隐私、企业数据泄露等日渐突出的信息数据管理问题的了解和关注度也会提高，信息安全防控体制机制的研究会成为未来理论界从事智慧城市研究的另一重要视角。同时，智慧城市建设归根结底是实现人的发展问题，智慧城市理论研究的价值导向将更加侧重对人的关怀。因此，未来智慧城市的研究视角将不局限为单一角度，而应融合多种角度、兼顾多方主体的诉求。

（三）综合运用多种研究方法

当前多数学者从事智慧城市的研究方法相对单一，很多学者试图通过智慧城市建设的具体案例的简单介绍，来阐述智慧城市建设的基本现状及其特征；而通过大数据分析、问卷调查、实地访谈、实验研究等实证研究方法开展智慧城市的相关研究依然较少。目前，越来越多的学者已经认识到单一研究方法所固有的局限性，未来学者们对智慧城市的研究可以有意识地综合运用多种研究方法，注重多学科领域的交叉和融合，突出数据在智慧城市研究中发挥的重要支撑作用，这将很大程度上促进和推动智慧城市的理论发展和实践创新。

参考文献

陈伟清、覃云、孙栾，2014，《国内外智慧城市研究及实践综述》，《广西社会科学》第 11 期。

辜胜阻、杨建武、刘江日，2013，《当前我国智慧城市建设中的问题与对策》，《中国软科学》第 1 期。

胡小明，2015，《大数据思维形成的两种视角：信息技术驱动及应用拓展》，《电子政务》第 12 期。

韩兆柱、马文娟，2016，《"互联网＋"背景下智慧城市建设路径探析》，《电子政务》第 6 期。

IBM 商业价值研究院，2009，《智慧的城市》，http://www.ibm.com/smarterplanet/cn/zh/smarter_cities/overview/。

李德仁、姚远、邵振峰，2014，《智慧城市中的大数据》，《武汉大学学报》（信息科学版）第 6 期。

李重照、刘淑华，2011，《智慧城市：中国城市治理的新趋向》，《电子政务》第 8 期。

李灿强，2016，《美国智慧城市政策述评》，《电子政务》第 7 期。

李春佳，2015，《智慧城市内涵、特征与发展途径研究——以北京智慧城市建设为例》，《现代城市研究》第 5 期。

宋刚、邬伦，2012，《创新 2.0 视野下的智慧城市》，《城市发展研究》第 9 期。

巫细波、杨再高，2010，《智慧城市理念与未来城市发展》，《城市发展研究》第 11 期。

王辉、吴越、章建强，2010，《智慧城市》，北京：清华大学出版社。

王广斌、张雷、刘洪磊，2013，《国内外智慧城市理论研究与实践思考》，《科技进步与对策》第 19 期。

王红霞，2015，《北京智慧城市发展现状与建设对策研究》，《电子政务》第 12 期。

许庆瑞、吴志岩、陈力田，2012，《智慧城市的愿景与架构》，《管理工程学报》第 4 期。

杨红艳，2012，《"智慧城市"的建设策略：对全球优秀实践的分析与思考》，《电子政务》第 1 期。

赵大鹏、张锐昕，2012，《基于战略管理理论的智慧城市建设过程管理模式研究》,《电子政务》第 11 期。

Current Status and Prospect on the Study of Smart City in China

Leilei Ge; *Weigang Hou*

(Department of Public Administration,
University of International Relations)

Abstract: After the global financial crisis in 2008, countries were striving to seek new breakthroughs to boost economic growth and urban governance. Meanwhile, big data analysis and the rapid development of information technology have laid foundations for the city's economic development and functional upgrading. In 2010, IBM formally put forward the vision of "smart city" as a new way of urban governance and construction, which has aroused widespread interests from domestic scholars. By searching the word of "smart city" in the titles of studies of domestic scholars on CNKI, we sorted out and analyzed the definitions and the status quo of "Smart City", and based on that predicted the future trend of its research and development.

Keywords: Smart City, Urban Governance, Big Data, e-Government

征稿启事

《数字治理评论》(Digital Governance Review)由教育部人文社会科学重点研究基地中山大学中国公共管理研究中心和中山大学政治与公共事务管理学院创办,是一本致力于推动数字治理领域研究的学术性集刊,由社科文献出版社出版,每年出版两卷。

刊物将秉持精益求精的态度,对稿件实行专家匿名评审,以期将其办成具有学术品味和质量的中文刊物。刊物将追踪数字治理理论前沿,回应数字治理实践中面临的问题,倡导规范严谨的学术研究,提升数字治理的研究质量。

本刊每卷刊登10篇左右的论文,主题涉及电子政务、电子服务、网络参与/电子参与、大数据与公共治理、开放数据、社交媒体与公共治理、移动政务、智慧城市等。此外,还有书评栏目,以推介和探讨数字治理领域的最新研究成果。

投稿指引:

(1) 稿件字数在12000字左右为宜。但论述重要问题的稿件可不受此限制。

(2) 请勿一稿多投。如遇到版权问题,均遵照《中华人民共和国著作权法》及有关国际法规执行。

(3) 投稿格式参照本刊稿件体例和已出刊物,并附上作者简介,包括作者真实姓名、职称、职务、工作单位、详细地址、联系电话和电子邮件。

（4）稿件投出三个月后，如未收到回复，可自行处理稿件。

投稿邮箱：digital_governance@126.com

联系人：郑跃平（zheng_yueping@126.com）

《数字治理评论》编辑部
2017 年 12 月

稿件体例

《数字治理评论》（*Digital Governance Review*，DGR）采用严格匿名评审制度，致力于为国内外所有有志于中国电子政务、数字治理等研究的人士构建平等的交流平台，营造一个温暖的精神家园。现不拘作者专业、身份与地域，以聚焦数字治理领域为征稿标准，以学术品质为用稿标准，向国内外学术界、实务界热忱征集言之有物、论之有据、符合学术规范、遵守学术道德的论文、书评等。

稿件具体要求：

一 稿件形式

以研究性论文为主，字数以 12000 字左右为宜。同时，欢迎理论综述、书评等。

二 格式要求

1. 全文采用 Microsoft Office 软件编排；如打印，请用 A4 纸输出。正文内容以五号宋体、单倍行距编排，页边距上、下、左、右均不小于 2.54 厘米。

2. 稿件首页包括：中文标题、作者有关信息，包括姓名、所在单位、通信地址、邮政编码、联系电话、电子邮件，以及 300 字以内的作者简介。

3. 稿件次页包括：中文标题、英文标题、中文摘要（300 字以内）及中文关键词（3~5 个）、英文摘要（300 字以内）及英文关键词（3~5 个）。如稿件获基金、项目资助，须注明（包括项目编号）。

4. 正文内各级标题处理如下：一级标题为"一、二、三……"，二级标题为"（一）、（二）、（三）……"，三级标题为"1、2、3……"，四级标题为"（1）、（2）、（3）……"。一、二、三级标题各独占一行，其中一级标题居中，二、三级标题缩进两个字符左对齐；四级及以下标题后加句号且与正文连排。

5. 统计表、统计图或其他示意图等，均用阿拉伯数字连续编号，后加冒号并注明图、表名称；<u>表号及表名须标注于表的上方，图号及图名须标注于图的下方，末尾不加标点符号</u>。例："表 1……"、"图 1……"等；如图（表）下有标注补充说明或资料来源，格式为先标注补充说明，再另起一段标注资料来源（后不加句点），具体为："注"须标注于图表的下方，以句号结尾；"资料来源"须标注于"注"的下方，并按"正文引用"格式标注文献。

例 1：

表 3　自变量与官民比的二元相关分析（2006）

变量	与官民比皮尔逊相关系数
县均人口	-0.553***

注：N = 29，不包括北京和西藏。***、**和*分别表示相关系数通过 0.01、0.05 和 0.10 水平的显著性检验。

资料来源：国家统计局（2007）

三　注释体例

本刊注释体例，主要依照 2001 年美国心理学会出版的 APA 手册（第五版），并结合中文语法结构与写作习惯而定。基本做法是：稿件中凡采用他人研究成果或引述，应在正文中采用括号注与文末列参考文献形式予以说明。以下将按照正文引用、正文注释、文末参考文献三部分加以具体说明。

（一）正文引用

1. 在引文后以圆括号注明作者名（中文名字标注名与姓，外文名字只标注姓）、出版年份及页码。如引文之前已出现作者名，则在名字后直接用圆括号注明出版年份与页码。

例2："×××……。"（Waldo，1948：25 - 27）

例3：夏书章（2003：3）认为"×××……"。

2. 正文中括号注的具体规范为：被引用著作作者超过3位（包括3位），只列第一作者，中文文献后加"等"，英文文献后加"et al."；引用相同作者同一年份内不同文献，则按照文中出现先后顺序，在年份后标出小写英文字母顺序；引用论文集文献，直接注明作者姓名，不必另标出文集主编姓名。

3. 引用原文文字过长（一般为三行以上）时，须将整个引文单独成段，并左缩进两个字符。段落字体为5号楷体，不加引号。

（二）注释

不宜在正文中出现但需要进一步澄清、引申的文字，采用当页脚注，用①、②、③……标注，每页重新编号。

（三）参考文献

1. 列于正文后，并于正文中出现的括号注一致，同时按照中文、英文依次排列。

2. 中文、英文文献都按照作者姓名拼音从A到Z排列。与正文括号注不同，文末参考文献中所有作者必须全部列出。英文文献姓在前，名的首字母大写，著作与期刊名用斜体字。

例4：夏书章主编，2003，《行政管理学》，广州：中山大学出版社。

例5：周雪光，2005，《逆向软预算约束：一个政府行为的组织分析》，《中国社会科学》第2期。

例6：杨瑞龙，1999，《"中间扩散"的制度变迁方式与地方政府的创新行为——江苏昆山自费经济技术开发区案例分析》，载张曙光主编《中国制度变迁的案例研究》（第二集），北京：中国财政经济出版社。

例7：Wildavsky, A. 1980. *How to Limit Government Spending*. Los Angeles：University of California Press.

例8：O'Brien, K. J. & Luehrmann, L. M. 1998. Institutionalizing Chinese Legislatures：Trade-offs between Autonomy and Capacity. *Legislative Studies Quarterly*, 23（1）：420 – 430.

例9：O'Donnell, G. 1999. Horizontal Accountability in New Democracies. In Schedler, A., Diamond, L. & Plattner, M. Eds. *The Self-restraining State：Power and Accountability in New Democracies*. Boulder：Lynne Rienner Publishers.

3. 其他未公开发表文献按照作者、年份、题名、出处顺序标注。学位论文类文献按照作者、年份、题名、毕业大学顺序标注，并注明为未发表的学位论文；网络文献按照作者、年份、题名、访问网站名称、访问路径顺序标注。

例10：张康之，2006，《超越官僚制：行政改革的方向》，人民网：http：//theory. people. com. cn/GB/40764/55942/55945/4054675. html。

例11：周子康，1991，《中国地方政府编制管理定量分析的研究》（会议论文），北京：东部地区公共行政组织第十四届大会。

四 权利与责任

（一）请勿一稿数投。

（二）文章一经发表，版权即归本刊所有。凡涉及国内外版权问题，均遵照《中华人民共和国著作权法》及有关国际法规执行。

（三）本刊刊登文章，均加入网络系统。若无此意愿，请来稿时注明。

（四）投稿3个月内未收到刊用通知者，请自行处理。

（五）本刊热诚欢迎国内外学者将已出版的论著赠予本刊编辑部，

备"书评"之用,以期建设学术批评的气氛;本刊也热诚欢迎国内外学者或机构将数字治理领域的重要学术信息及时通报我们,以期将《数字治理评论》建设成学术交流的平台。

图书在版编目(CIP)数据

数字治理评论.第1辑/郑跃平主编.-- 北京:社会科学文献出版社,2017.12
 ISBN 978-7-5201-2057-9

Ⅰ.①数… Ⅱ.①郑… Ⅲ.①公共管理-数字化-研究 Ⅳ.①D035-0

中国版本图书馆 CIP 数据核字(2017)第317130号

数字治理评论 第1辑

主　　编 / 郑跃平

出 版 人 / 谢寿光
项目统筹 / 谢蕊芬
责任编辑 / 杨　阳

出　　版 / 社会科学文献出版社·社会学编辑部(010)59367159
　　　　　 地址:北京市北三环中路甲29号院华龙大厦　邮编:100029
　　　　　 网址:www.ssap.com.cn
发　　行 / 市场营销中心(010)59367081　59367018
印　　装 / 三河市尚艺印装有限公司
规　　格 / 开　本:787mm×1092mm　1/16
　　　　　 印　张:11.75　字　数:167千字
版　　次 / 2017年12月第1版　2017年12月第1次印刷
书　　号 / ISBN 978-7-5201-2057-9
定　　价 / 59.00元

本书如有印装质量问题,请与读者服务中心(010-59367028)联系

▲ 版权所有 翻印必究